I0462785

La Ciencia de Hacerce Rico

David Klein

Copyright © 2019 David Klein

All rights reserved.

Contenido

Prefacio

Este libro es pragmático, no filosófico; un manual práctico,
no un tratado sobre teorías. Está destinado a los hombres y
mujeres cuya necesidad más acuciante es el dinero; que
desean enriquecerse primero, y filosofar después. Es para
aquellos que han, hasta ahora, se encuentran ni el tiempo,
los medios, ni la oportunidad de profundizar en el estudio
de la metafísica, pero que quieren resultados y que están
dispuestos a tomar las conclusiones de la ciencia como base
para la acción, sin entrar en todos los procesos por los
cuales se llegó a esas conclusiones.

Se espera que el lector tome las declaraciones
fundamentales de la fe, del mismo modo que tomaría
declaración sobre una ley de acción eléctrica si
fueran promulgadas por un Marconi o un Edison; y,
tomando las declaraciones sobre la fe, que va a demostrar

su verdad, actuando sobre ellos sin temor o vacilación. Todo hombre o mujer que haga esto seguramente enriquecerse; para el presente documento ciencia aplicada es una ciencia exacta, y el fracaso es imposible. Para el beneficio, sin embargo, de los que quieren investigar teorías filosóficas y así asegurar una base lógica para la fe, voy a citar aquí algunas autoridades.

La teoría monista del universo - la teoría de que uno es todo, y que todo es uno, que una sustancia se manifiesta como las aparentes muchos elementos del mundo material - es de origen hindú, y ha estado ganando gradualmente su camino en el pensamiento del mundo occidental durante doscientos años. Es la base de todas las filosofías orientales, y de las de Descartes, Spinoza, Leibniz, Schopenhauer, Hegel y Emerson. Se aconseja al lector que cavar a las bases filosóficas de esta leer a Hegel y Emerson por sí mismo. Al escribir este libro he sacrificado todas las demás consideraciones a la sencillez y simplicidad de estilo, para

que todos puedan entender. El plan de acción

establecido en el presente documento se deduce de las

conclusiones de la filosofía; se ha probado a fondo, y lleva la

prueba suprema del experiment práctico; funciona.

escritos de los autores mencionados anteriormente; y si se

desea cosechar los frutos de sus filosofías en la práctica

real, leer este libro y hacer exactamente como

se lo indique.

El derecho a ser rico

Cualquiera que decirse en alabanza de la pobreza, el hecho

es que no es posible vivir una vida realmente completa o

éxito a menos que uno sea rico. Ningún hombre puede

elevarse a su mayor altura posible en el talento o el alma de

desarrollo a menos que tenga un montón de dinero; para

desplegar el alma y el desarrollo de talento que debe

tener muchas cosas para usar, y que no puede tener estas cosas a menos que tenga dinero para comprar con.

Un hombre se desarrolla en mente, el alma y el cuerpo, haciendo uso de las cosas, y la sociedad está organizada de modo que el hombre debe tener dinero con el fin de convertirse en el poseedor de las cosas; Por lo tanto, la base de todo avance para el hombre debe ser la ciencia de hacerse rico. El objeto de toda la vida es el desarrollo; y todo lo que vive tiene un derecho inalienable a todo el desarrollo que es capaz de alcanzar.

el derecho del hombre a la vida significa su derecho a que el uso libre y sin restricciones de todas las cosas que puedan ser necesarias a su máximo, y desenvolvimiento físico mental, espiritual; o, en otras palabras, su derecho a ser rico.

En este libro, no voy a hablar de las riquezas de una manera figurativa; para ser realmente rico no significa estar satisfecho o satisfecha con un poco. Ningún hombre debe ser satisfecho con un poco de si él es capaz de utilizar y disfrutar más. El propósito de la Naturaleza es el avance y el desenvolvimiento de la vida; y cada hombre debe tener todo lo que puede contribuir a la energía; la elegancia, la belleza y riqueza de la vida; que contentarse con menos es pecado. El hombre que posee todo lo que quiere para la vida de toda la vida que es capaz de vivir es rico; y ningún hombre que no tiene mucho dinero puede tener todo lo que quiere. La vida se ha avanzado hasta ahora, y llegar a ser tan compleja, que incluso el hombre o la mujer más ordinaria requiere una gran cantidad de riqueza para vivir de una manera que ni siquiera se aproxima a la exhaustividad. Cada persona naturalmente quiere convertirse en todo lo que son capaces de convertirse; este deseo de darse cuenta de las posibilidades innatas es inherente a la naturaleza humana; no podemos dejar de querer ser todo lo que podemos ser. Éxito en la vida se está convirtiendo en lo que quiere ser; puede convertirse en lo que quiere ser solo haciendo uso de las cosas, y que puede tener el libre uso de las cosas sólo a medida que se lo suficientemente ricos como para comprarlos. Para entender la ciencia de hacerse rico, por tanto, es el más esencial de todos los conocimientos.

No hay nada malo en querer hacerse rico. El deseo de riqueza es realmente el deseo de una rica, más plena y una vida más abundante; y que el deseo es digno de elogio. El hombre que no quieren vivir más abundantemente es anormal, por lo que el hombre que no desea tener el dinero suficiente para comprar todo lo que quiere es anormal. Hay tres motivos por los que vivimos; vivimos para el cuerpo, vivimos para la mente, vivimos para el alma.

Ninguno de estos es mejor o más santo que el otro; todos son iguales deseable, y ninguno de los tres - cuerpo, mente o alma - puede vivir plenamente si alguno de los otros son un resumen de la vida plena y expresión. No es correcto o noble vivir sólo para el alma y negar la mente o el cuerpo; y es un error de

vivir para el intelecto y el cuerpo o el alma negar. Todos estamos familiarizados con las

consecuencias repugnantes de vida para el cuerpo y negar la mente y el alma; y

vemos que real la vida significa la expresión completa de todo lo que el hombre puede

dar vuelta a través del cuerpo, mente y alma. Cualquier cosa que pueda decir, ningún

hombre puede ser realmente feliz o satisfecho a menos que su cuerpo está viviendo plenamente en cada función, ya menos que el mismo se

puede decir de su mente y su

alma. Allí donde hay posibilidad no expresada, o función no

se realiza, hay un deseo

insatisfecho. El deseo es la posibilidad buscando la

expresión o función que buscan

rendimiento. El hombre no puede vivir plenamente en

cuerpo sin buena comida, ropa

cómoda y abrigo caliente; y sin libertad de trabajo excesivo.

El descanso y la

recreación también son necesarias para su vida física. Él no

puede vivir plenamente en

mente sin libros y tiempo para estudiarlos, sin oportunidad

de viajar y la observación, o

sin compañía intelectual.

Para vivir plenamente en cuenta que debe tener

recreaciones intelectuales, y

debe rodearse de todos los objetos de arte y belleza que es

capaz de utilizar y

apreciar.

Para vivir plenamente en el alma, el hombre debe tener

amor; y el amor es negado por la pobreza de

expresión.

mayor felicidad de un hombre se encuentra en el

otorgamiento de beneficios

sobre los que ama; el amor encuentra su expresión más

natural y espontánea

en el dar. El hombre que no tiene nada que dar no puede

llenar su lugar como

un marido o el padre, como ciudadano, o como un hombre.

Es en el uso de las

cosas materiales que un hombre encuentra vida completo

para su cuerpo,

desarrolla su mente, y se despliega su alma. Por lo tanto, es

de suma

importancia para él que debe ser rica. Es perfectamente

correcto que usted

debe deseo de ser rico; si usted es un hombre o una mujer

normal no puede

dejar de hacerlo. Es perfectamente correcto que usted debe

dar su mejor

atención a la ciencia de hacerse rico, porque es la más noble

y necesaria de

todos los estudios. Si se descuida este estudio, son

abandonados en su deber

de ti mismo, a Dios ya la humanidad;

Hay una ciencia de hacerse rico

Hay una ciencia de hacerse rico, y es una ciencia exacta,

como el álgebra o la

aritmética. Hay ciertas leyes que gobiernan el proceso de adquisición de riquezas;

Una vez que estas leyes son aprendidas y obedecidas por cualquier hombre, él se

hará rico con certeza matemática.

La posesión del dinero y la propiedad es el resultado de hacer las cosas de una manera

determinada; los que hacen las cosas de cierta manera, ya sea a propósito o

accidentalmente, se enriquecen; mientras que aquellos que no hacen las cosas de cierta

manera, no importa lo duro que trabajen o cómo son capaces de que, siendo pobre. Es

una ley natural que como causas siempre producen efectos similares; y, por lo tanto,

cualquier hombre o mujer que aprende a hacer las cosas de cierta manera infaliblemente hacerse rico.

Que la declaración anterior es cierto lo demuestran los

siguientes hechos:

Hacerse rico no es una cuestión de medio ambiente, ya que,

si lo fuera, todas

las personas en ciertos barrios se hacen ricos; la gente de

una ciudad todos

serían ricos, mientras que los de otras ciudades de todo

habría de ser pobres; o

los habitantes de un estado rodarían en la riqueza, mientras

que los de un

estado contiguo estarían en la pobreza. Pero en todas

partes vemos que viva

ricos y pobres al lado del otro, en el mismo entorno, y, a

menudo involucrados

en las mismas vocaciones. Cuando dos hombres están en la

misma localidad, y

en el mismo negocio, y uno se enriquece mientras el otro

permanece pobre,

demuestra que enriquecerse no es, principalmente, una

cuestión de medio

ambiente. Algunos medios pueden ser más favorables que

otras, pero cuando

dos hombres en el mismo negocio están en el mismo barrio,

y se hace rico

mientras que el otro falla,

Y aún más, la capacidad de hacer las cosas de cierta manera,

no se debe únicamente

a la posesión de talento, para muchas personas que

tienen gran talento siendo pobres, mientras que otros que

tienen muy poco talento se enriquecen.

El estudio de las personas que se enriquecieron,

encontramos que son una gran cantidad

promedio en todos los aspectos, no teniendo mayores

talentos y habilidades que otros

hombres. Es evidente que no se enriquecen porque poseen

talentos y habilidades que otros

hombres no tienen, sino porque ocurren a hacer las cosas

de una manera determinada.

Hacerse rico no es el resultado de ahorro, o "de segunda

mano"; muchas personas muy

penosos son pobres, mientras que gastan libres a menudo

se enriquecen. Tampoco se está

haciendo rico debido a hacer cosas que otros no lo hagan;

por dos hombres en el mismo

negocio a menudo hacen casi exactamente las mismas

cosas, y uno se enriquece mientras el

otro permanece pobre o se convierte en quiebra.

De todas estas cosas, debemos llegar a la conclusión de que

enriquecerse es el

resultado de hacer las cosas de una manera determinada. Si hacerse rico es el

resultado de hacer las cosas de una manera determinada, y si como causas

iguales producen efectos iguales, entonces cualquier hombre o mujer que puede

hacer las cosas de esa manera puede llegar a ser rico, y todo el asunto es llevado

dentro del dominio de la exacta ciencia. La cuestión que se plantea aquí, si esta

manera determinada puede no ser tan difícil que sólo unos pocos pueden seguirla.

Esto no puede ser cierto, como hemos visto, hasta el momento que se refiere a la

capacidad natural. Las personas con talento se enriquecen y alcornoques se enriquecen; intelectualmente personas brillantes se hacen

ricos, y la gente muy

estúpida se enriquecen; las personas físicamente fuertes se

hacen ricos, y débiles

y enfermizos gente se hace rica. Un cierto grado de

capacidad de pensar y

entender es, por supuesto, esencial;

Además, hemos visto que no es una cuestión de medio

ambiente. Localización

cuenta para algo; uno no ir al corazón del Sahara y esperar

hacer negocios con

éxito. Hacerse rico implica la necesidad de hacer frente a los

hombres, y de

estar donde hay personas para hacer frente a; y si estas

personas

se inclinan a tratar en la forma en que desea tratar, tanto

mejor. Pero eso es lo más lejos

que va ambiente. Si nadie en su ciudad puede enriquecerse,

usted también puede

hacerlo; y si alguien más en su estado puede enriquecerse,

lo que puede. Una vez más,

no es una cuestión de elegir algún negocio o profesión en

particular. La gente se

enriquece en todos los negocios, y en todas las profesiones;

mientras que sus vecinos

de al lado en la misma vocación permanecen en la pobreza.

Es cierto que va a hacer mejor en un negocio que te gusta, y

que es agradable a

usted; y si usted tiene ciertos talentos que están bien

desarrollados, que va a

hacer mejor en un negocio que exige el ejercicio de esos

talentos.

También, que va a hacer mejor en un negocio que se adapta a su localidad; una

heladería haría mejor en un clima cálido que en Groenlandia, y una pesquería de

salmón tendrá éxito mejor en el noroeste de la Florida, donde no hay salmón. Pero,

aparte de estas limitaciones generales, hacerse rico no depende de su participación

en alguna empresa en particular, sino en su aprendizaje para hacer las cosas de una

manera determinada. Si usted está ahora en los negocios, y cualquier otra persona

en su localidad se está haciendo rico en el mismo negocio, mientras que no está

recibiendo rica, es porque no están haciendo las cosas de la misma manera que la

otra persona está haciendo ellos.

Nadie está impedido de hacerse rico por falta de capital. Es

cierto que a medida que el

aumento de capital se hace más fácil y rápida; pero uno que

tiene un capital ya es rico, y

no es necesario considerar la forma de llegar a serlo. No

importa qué tan pobre que puede

ser, si se empieza a hacer las cosas de una manera

determinada que comenzará a

hacerse rico; y usted comenzará a tener un capital. El

conseguir del capital es una parte del

proceso de hacerse rico; y es una parte del resultado que

invariablemente sigue el hacer

las cosas de una manera determinada. Usted puede ser el

hombre más pobre del

continente, y estar profundamente endeudado; es posible

que no tienen ni amigos,

influencia, ni los recursos; pero si usted comienza a hacer

las cosas de esta manera, que

infaliblemente debe comenzar a hacerse rico, por causas

como deben producir efectos

similares. Si usted no tiene el capital, puede obtener el

capital; si usted está en el negocio

equivocado, puede entrar en el negocio correcto; si tu

se encuentran en el lugar equivocado, puede ir a la

ubicación correcta; y puede hacerlo comenzando

en su negocio presente y en su ubicación actual a hacer las

cosas de una manera

determinada que provoca el éxito.

Oportunidad es Monopolizada?

Ningún hombre se mantiene pobre porque se ha

aprovechado lejos de él; porque otras personas han

monopolizado la riqueza, y han puesto una valla alrededor

de él. Es posible que se apague el ejercicio del

comercio en determinadas líneas, pero hay otros canales

abiertos en su caso. Probablemente sería difícil

para que usted pueda obtener el control de cualquiera de

los grandes sistemas ferroviarios; este campo

está bastante bien monopolizado. Pero el negocio de

ferrocarril eléctrico se encuentra todavía en su

infancia, y ofrece un amplio margen para la empresa; y no

será más que unos pocos años hasta que el

tráfico y el transporte a través del aire se convertirá en una

gran industria, y en todas sus ramas dará

empleo a cientos de miles, y quizás a millones de personas.

¿Por qué no dar vuelta a su atención al

desarrollo del transporte aéreo, en lugar de competir con JJ

Hill y otros para una oportunidad en el mundo

del ferrocarril de vapor? Es muy cierto que si usted es un

trabajador en el empleo de la confianza de

acero que tiene muy pocas posibilidades de convertirse en

el dueño de la planta en la que se trabaja;

pero también es cierto que si va a comenzar a actuar de una

manera determinada, que pronto puede

dejar el servicio de la confianza de acero; usted puede

comprar una granja de diez a cuarenta acres, y

participar en los negocios como productor de alimentos.

Existe una gran oportunidad en este momento

para los hombres que van a vivir en pequeñas extensiones

de tierra y cultivar la misma intensidad; Tales

hombres seguramente se enriquecerá. Usted puede decir

que es imposible para que usted pueda obtener

la tierra, pero voy a demostrar a usted que no es imposible,

y que sin duda puede obtener una granja si

va a ir a trabajar de una manera determinada. pero también

es cierto que si va a comenzar a actuar de

una manera determinada, que pronto puede dejar el

servicio de la confianza de acero; usted puede

comprar una granja de diez a cuarenta acres, y participar en

los negocios como productor de alimentos.

Existe una gran oportunidad en este momento para los

hombres que van a vivir en pequeñas extensiones

de tierra y cultivar la misma intensidad; Tales hombres

seguramente se enriquecerá. Usted puede decir

que es imposible para que usted pueda obtener la tierra,

pero voy a demostrar a usted que no es

imposible, y que sin duda puede obtener una granja si va a

ir a trabajar de una manera determinada. pero

también es cierto que si va a comenzar a actuar de una

manera determinada, que pronto puede dejar el

servicio de la confianza de acero; usted puede comprar una

granja de diez a cuarenta acres, y participar en los negocios

como pro

En diferentes períodos de la marea de oportunidades

establece en diferentes

direcciones, de acuerdo con las necesidades del conjunto, y

la etapa particular de la

evolución social que ha sido alcanzado. En la actualidad, en

Estados Unidos, se está

poniendo a la agricultura y las industrias y profesiones

afines. Hoy en día, la

oportunidad está abierta antes de que el trabajador de la

fábrica en su línea. Está

abierto antes de que el hombre de negocios que suministra

el agricultor más que

antes el que suministra el trabajador de la fábrica; y antes

de que el profesional que

espera a que el agricultor más que antes el que sirve a la

clase obrera.

Hay abundancia de oportunidades para el hombre que va a

ir con la corriente, en lugar

de tratar de nadar contra ella.

Por lo que los trabajadores de las fábricas, ya sea como

individuos o como una

clase, no están privados de la oportunidad. Los trabajadores

no están siendo

"mantienen bajos" por sus amos; que no están siendo

"tierra" por los trusts y

combinaciones de capital. Como clase, que están donde

están porque no hacen

las cosas de una manera determinada. Si los trabajadores

de América deciden

hacerlo, podrían seguir el ejemplo de sus hermanos en

Bélgica y otros países, y

establecer grandes almacenes e industrias cooperativos;

podían elegir a los

hombres de su propia clase a la oficina, y aprobar leyes que

favorecen el

desarrollo de tales industrias cooperativos; y en pocos años

podrían tomar

posesión pacífica del campo industrial.

La clase de trabajo puede llegar a ser la clase maestra cada

vez que van a empezar

a hacer las cosas de una manera determinada; la ley de la

riqueza es el mismo para

ellos como lo es para todos los demás. Esto se debe

aprender; y van a permanecer

donde están, siempre y cuando las hacen, como lo hacen. El

trabajador individual, sin

embargo, no se lleva a cabo por la ignorancia o la pereza

mental de su clase; se

puede seguir el curso de la oportunidad de riquezas, y este

libro le dirá cómo.

Nadie se mantiene en la pobreza por una dificultad en el

suministro de riquezas; hay

más que suficiente para todos. Un palacio tan grande como

el capitolio en Washington

podría ser construido para cada familia en la tierra desde el

material de construcción

sólo en los Estados Unidos; y bajo cultivo intensivo, este

país produciría lana, algodón,

lino, seda y suficiente para vestir a cada persona en el

mundo más fino que Salomón se

vistió con toda su gloria; junto con la comida suficiente para

alimentar a todos ellos

lujosamente.

El suministro visible es prácticamente inagotable; y el

suministro invisible

realmente es inagotable.

Todo lo que ves en la tierra está hecha de una sustancia

original, de la cual

proceden todas las cosas.

Nuevas formas constantemente se están haciendo, y los

más viejos se están disolviendo;

pero todas son formas asumidas por una cosa.

No hay límite para el suministro de la materia sin forma o

sustancia original. El

universo está hecho de la misma; pero no se utilizó en la

fabricación de todo el

universo. Los espacios en, a través y entre las formas del

universo visible están

impregnados y llenos de la sustancia original; con el

material sin forma; con la

materia prima de todas las cosas. Diez mil veces más que se

ha hecho todavía se

podrían hacer, e incluso entonces no debería haber agotado

el suministro de

materia prima universal. Ningún hombre, por lo tanto, es

pobre porque la

naturaleza es pobre, o porque no hay suficiente para todos.

La naturaleza es un almacén inagotable de riquezas; el

suministro nunca se

quedará corto. Sustancia original está lleno de energía

creativa, y está

constantemente produciendo más formas. Cuando se agota

el suministro de

material de construcción, será producido más; cuando el

suelo se agota para

que los productos alimenticios y materiales para prendas de

vestir ya no

crecerán en ella, se renueva o se hará más tierra. Cuando

todo el oro y la plata

ha sido excavada en la tierra, si el hombre se encuentra

todavía en una etapa

tan de desarrollo social que necesita el oro y la plata, se

produjeron más de lo

sin forma. El MATERIA SIN FORMAR responde a las

necesidades del hombre;

que no sea él sin ningún bien. Esto es cierto del hombre

colectivamente; la

raza en su conjunto es siempre abundantemente rico, y si

los individuos son

pobres,

La materia sin forma es inteligente; es lo que piensa cosas.

Está vivo, y siempre se

impulsa hacia una mayor vida. Es el impulso natural e

inherente de la vida a tratar

de vivir más; es la naturaleza de la inteligencia para

agrandar sí mismo, y de la

conciencia para tratar de extender sus límites y encontrar la

expresión más

completa. El universo de formas ha sido hecha por la

sustancia sin forma de estar,

arrojándose a la forma con el fin de expresar más

plenamente.

El universo es una gran presencia viva, siempre en

movimiento inherentemente hacia una

mayor vida y el funcionamiento más completa.

La naturaleza está formada por el avance de la vida;

impulsando su motivo es el

aumento de la vida. Por esta causa, todo lo que

posiblemente puede se proporciona

generosamente ministro a la vida; no puede haber una falta

a menos que Dios se

contradiga a sí mismo y anular sus propias obras.

Usted no se ha mantenido en la pobreza por la falta en el

suministro de riquezas; es un

hecho que voy a demostrar un poco más lejos que incluso

los recursos de la fuente sin

forma están a la orden del hombre o la mujer va a actuar y

pensar de una manera

determinada.

El primer principio en la ciencia de hacerse rico.

El pensamiento es el único poder que puede producir

riquezas tangibles de la

sustancia sin forma. El material del que están hechas todas las cosas es una

sustancia que piensa, y una idea de la forma en que esta sustancia produce la

forma.

Sustancias movimientos originales de acuerdo con sus pensamientos; cada

forma y el proceso que se ve en la naturaleza es la expresión visible de un

pensamiento en la sustancia original. A medida que la materia sin forma piensa

en una forma, que toma esa forma; ya que piensa en un movimiento, que hace

que el movimiento. Ese es el camino todo fue creado.

Vivimos en un mundo de

pensamientos, que es parte de un universo pensamiento. La idea de un universo en movimiento se extendía por la sustancia sin

forma, y la materia de

pensamiento se mueve de acuerdo a ese pensamiento,

tomó la forma de

sistemas de planetas, y mantiene esa forma. Pensando

sustancia toma la

forma de su pensamiento, y se mueve de acuerdo con el

pensamiento.

Sosteniendo la idea de un sistema circular de soles y

mundos, que toma la

forma de estos cuerpos, y los mueve como se piensa.

Pensando en la forma

de un árbol de roble de crecimiento lento, que se mueve en

consecuencia, y

produce el árbol, aunque siglos pueden ser requeridos para

hacer el trabajo.

En la creación, la Formless parece moverse de acuerdo a las

líneas de

movimiento que ha establecido; el pensamiento de un roble

no causa la

formación inmediata de un árbol maduro, pero se inicia en

movimiento las

fuerzas que producirán el árbol, a lo largo de las líneas

establecidas de

crecimiento. Cada pensamiento de la forma, que tuvo lugar

en la sustancia

pensante, hace que la creación de la forma, pero siempre, o

por lo menos de

modo general, a lo largo de las líneas de crecimiento y

acción ya establecido.

La idea de una casa de una determinada construcción, si se

impresionó la

sustancia sin forma, no podría causar la formación

inmediata, de la casa; pero

que causaría el giro de las energías creativas que ya

trabajan en el comercio y

el comercio en canales como para dar lugar a la

construcción rápida de la

casa.

Sin pensar en el formulario puede ser impresa sobre

sustancia original sin causar

la creación de la forma.

El hombre es un centro de pensamiento, y se pueden

originar pensado. Todas las formas

que debe existir primero el hombre se forja con sus manos

en su pensamiento; él no puede

dar forma a una cosa hasta que haya pensado en esa cosa. Y

el hombre hasta ahora ha

limitado sus esfuerzos por entero a la obra de sus manos; se

ha aplicado el trabajo manual

con el mundo de las formas, tratando de cambiar o

modificar las ya existentes. Nunca ha

pensado en tratar de hacer que la creación de nuevas

formas mediante la impresión de sus

pensamientos la sustancia sin forma. Cuando el hombre

tiene una forma de pensamiento,

toma el material de las formas de la naturaleza, y hace una

imagen de la forma que está en

su mente. Ha, hasta el momento, hecho poco o ningún

esfuerzo para cooperar con

inteligencia sin forma; para trabajar "con el Padre." Él no ha

soñado que puede "hacer lo que

ve hacer al Padre." El hombre cambia la forma y modifica

las formas existentes de trabajo

manual; se ha prestado atención a la cuestión de si él no

puede producir cosas de la

sustancia sin forma de comunicar sus pensamientos a la

misma. Nos proponemos

demostrar que puede hacerlo; para probar que cualquier

hombre o mujer pueden hacerlo, y

para mostrar cómo. A medida que nuestro primer paso, hay

que establecer tres

proposiciones fundamentales. En primer lugar, afirmamos

que hay un solo material original

sin forma o sustancia, de la que están hechas todas las

cosas. Todos los elementos son al

parecer muchos, pero con diferentes presentaciones de un

elemento; todas las muchas

formas que se encuentran en la naturaleza orgánica e

inorgánica son sino formas diferentes,

hechos de la misma materia. Y esto es pensar cosas; un pensamiento que tuvo lugar en que

produce la forma del pensamiento. Pensamiento, en la sustancia pensante, produce formas.

El hombre es un centro de pensamiento, capaz de pensamiento original; si el hombre puede

comunicar su pensamiento a la sustancia pensamiento original, que puede causar la

creación, o la formación, de la cosa que él piensa. Para resumir este -

Hay una materia de pensamiento de que están hechas todas las cosas, y que, en

su estado original, impregna, penetra, y llena los interespacios del universo.

Un pensamiento, en esta sustancia, produce la cosa que es imaginada por el pensamiento.

El hombre puede formar cosas en su pensamiento, y si

impregna con su pensamiento a

la sustancia sin forma, puede causar la cosa que él piensa

debe ser creada.

Se puede preguntar si puedo demostrar estas afirmaciones;

y sin entrar en detalles,

contesto que puedo hacerlo, tanto por la lógica y la

experiencia.

Razonamiento detrás de los fenómenos de la forma y el

pensamiento, llego a una

sustancia pensamiento original; y el razonamiento hacia

adelante desde esta sustancia

pensamiento, llego al poder del hombre para causar la

formación de la cosa que él

piensa.

Y por medio de experimentos, que el razonamiento

verdadero; y esta es mi prueba más

fuerte.

Si un hombre que lee este libro se hace rico haciendo lo que le dice que haga, es decir

pruebas en apoyo de la demanda; pero si cada hombre que hace lo que le dice que

haga se hace rico, que es una prueba positiva hasta que alguien pasa por el proceso y

falla. La teoría es verdadera hasta que falla el proceso; y este proceso no fallará, por

cada hombre que hace exactamente lo que este libro le dice que haga va a hacerse

rico.

He dicho que los hombres se enriquecen por hacer las cosas de una manera determinada; y con el fin de

hacerlo, los hombres deben llegar a ser capaz de pensar de una manera determinada.

Un hombre de manera de hacer las cosas es el resultado

directo de su forma de pensar acerca de las

cosas.

Para hacer las cosas de una manera que usted quiere hacer

ellos, tendrá que adquirir la

capacidad de pensar de la manera que usted quiere pensar;

este es el primer paso para hacerse

rico.

Pensar lo que quiere pensar es pensar VERDAD,

independientemente de las apariencias.

Todo hombre tiene el poder natural e inherente a pensar lo

que quiere pensar, pero

requiere mucho más esfuerzo para hacerlo que se

hace pensar que los pensamientos que son sugeridos por

las apariencias. Pensar

de acuerdo a la apariencia es fácil; pensar la verdad

independientemente de las

apariencias es laboriosa y requiere el gasto de más poder

que cualquier otro

trabajo, el hombre está llamado a desempeñar.

No hay ninguna mano de obra de la que la mayoría de las

personas se encogen a medida

que hacen de la de pensamiento sostenido y consecutivo; es

el trabajo más difícil del

mundo. Esto es especialmente cierto cuando la verdad es

contrario a las apariencias.

Cada aparición en el mundo visible tiende a producir una

forma correspondiente en la

mente que la observa; y esto sólo se puede evitar mediante

la celebración de la idea de la

verdad.

Mirar por encima de la aparición de la enfermedad

producirá la forma de la enfermedad en

su propia mente, y en última instancia en su cuerpo, a

menos que mantenga la idea de la

verdad, que es que no hay ninguna enfermedad; es sólo una

apariencia, y la realidad es

la salud. Mirar por encima de las apariencias de la pobreza

producirá formas

correspondientes en su propia mente, a menos que se

mantienen fieles a la verdad de

que no hay pobreza; sólo hay abundancia. Pensar la salud

cuando está rodeado por las

apariciones de la enfermedad, o para pensar riquezas

cuando en medio de las

apariencias de la pobreza, requiere de energía; pero el que

adquiere este poder se

convierte en un maestro de la mente. Él puede conquistar el

destino; que puede tener lo

que quiera.

Este poder sólo puede ser adquirida por apoderarse del

hecho básico que está

detrás de todas las apariencias; y ese hecho es que hay una

sustancia pensante,

de la cual y por el cual se hacen todas las cosas.

Entonces tenemos que captar la verdad que cada

pensamiento que tuvo lugar en esta sustancia se

convierte en una forma, y por lo que el hombre puede

impresionar a sus pensamientos sobre ella como

para hacer que se tome forma y se convierten en las cosas

visibles.

Cuando nos damos cuenta de esto, se pierde toda duda y

temor, porque sabemos que

podemos crear lo que queremos crear; podemos conseguir

lo que queremos tener, y

podemos llegar a ser lo que queremos ser. Como primer

paso para hacerse rico, usted debe

creer los tres fundamentales

declaraciones dadas anteriormente en este capítulo; y con

el fin de hacer hincapié en

ellos. Las repito aquí:

Hay una materia de pensamiento de que están hechas todas

las cosas, y que, en

su estado original, impregna, penetra, y llena los

interespacios del universo.

Un pensamiento, en esta sustancia, produce la cosa que es

imaginada por el pensamiento.

El hombre puede formar cosas en su pensamiento, y si

impregna con su pensamiento a

la sustancia sin forma, puede causar la cosa que él piensa

debe ser creada.

Usted debe dejar a un lado todos los demás conceptos del

universo que esto

monista uno; y hay que insistir sobre esto hasta que se fija

en su mente, y se ha

convertido en su pensamiento habitual. Lea estas

declaraciones credo una y

otra vez; fijar cada palabra en su memoria, y meditar sobre

ellos hasta que

firmemente cree lo que dicen. Si duda viene a ti, echado a

un lado como un

pecado. No escuche argumentos en contra de esta idea; no

van a iglesias o

conferencias donde un concepto contrario de lo que se

enseña o predica. No

leas revistas o libros que enseñan una idea diferente; si se

mezclan en la fe,

todos sus esfuerzos serán en vano.

No pregunte por qué estas cosas son ciertas, ni especulan

en cuanto a cómo pueden ser verdaderas;

simplemente llevarlos en la confianza.

La ciencia de hacerse rico comienza con la aceptación

absoluta de esta fe.

El aumento de la vida.

USTED debe deshacerse del último vestigio de la antigua

idea de que hay una

Deidad cuya voluntad es que debe ser pobre, o cuyos

efectos pueden ser

servidos por que mantener en la pobreza. La sustancia

inteligente que es todo y

en todos, y el que vive en todos y vive en ti, es una

sustancia consciente de

estar. Al ser una sustancia vivir conscientemente, debe

tener la naturaleza y el

deseo inherente de cada inteligencia viva para el aumento

de la vida. Todo ser

vivo debe buscar continuamente para la ampliación de su

vida, porque la vida, en

el mero acto de vivir, debe aumentar en sí.

Una semilla, se dejó caer en el suelo, salta a la actividad, y

en el acto de vivir

produce cien semillas más; la vida, por la vida, se multiplica.

Cada vez es para

siempre; debe hacerlo, si sigue siendo en absoluto.

La inteligencia es bajo esta misma necesidad de incremento

continuo. Cada

pensamiento que pensamos hace que sea necesario para

que pensemos otro

pensamiento; la conciencia se expande continuamente.

Cada hecho que

aprendemos nos lleva al aprendizaje de otro hecho; el

conocimiento es cada vez

mayor. Todo talento que cultivamos trae a la mente el

deseo de cultivar otro talento;

estamos sujetos a la urgencia de la vida, la búsqueda de la

expresión, que siempre

nos impulsa a saber más, hacer más y ser más. Para saber

más, hacer más y ser

más debemos tener más; debemos tener cosas para usar,

para que aprendamos, y

hacer, y llegar a ser, solamente usando cosas. Hay que

hacerse rico, para que

podamos vivir más.

El deseo de riqueza es simplemente la capacidad para la

vida en busca de mayor

plenitud; cada deseo es el esfuerzo de una posibilidad no

expresada a entrar en

acción. Es el poder tratando de manifestar lo que provoca el

deseo. Lo que te hace

querer más dinero es el mismo que el que hace crecer la

planta; Es la vida,

buscando la expresión más completa.

La sustancia que vivo debe estar sujeta a esta ley inherente

de toda la vida; se

impregnó con el deseo de vivir más; es por eso que está en

la necesidad de

crear cosas. La única sustancia desea vivir más en ti; por lo

que quiere que

tenga todas las cosas que se pueden utilizar.

Es el deseo de Dios es que enriquecerse. Él desea que reciba

rico porque

puede expresarse mejor a través de usted si usted tiene un

montón de cosas

para usar en darle expresión. Él puede vivir más en usted si

usted tiene

comando ilimitado de los medios de vida.

El universo de deseos que tiene todo lo que desea tener. La

naturaleza es

amigable con sus planes. Todo es natural para usted.

Decídete que esto es

cierto. sin embargo, que es esencial, su propósito debe

armonizar con el

propósito de que está en todos.

Usted debe desear la vida real, no solo placer de la

gratificación sensual. La

vida es el desempeño de la función; y el individuo

realmente sólo vive cuando

se lleva a cabo cada función, física, mental y espiritual, de la

que es capaz, sin

exceso en cualquiera.

Usted no quiere hacerse rico con el fin de vivir swinishly,

para la satisfacción de

los deseos animales; que no es la vida. Pero el desempeño

de cada función

física es una parte de la vida, y nadie vive completamente

que niega los

impulsos del cuerpo de una expresión normal y saludable.

Usted no quiere enriquecerse únicamente para disfrutar de

los placeres mentales, para

obtener el conocimiento, para satisfacer la ambición, para

eclipsar a los demás, a ser

famoso. Todos estos son una parte legítima de la vida, pero el hombre que vive para los

placeres del intelecto sólo tendrán una vida parcial, y nunca estarán satisfechos con su

suerte.

Usted no quiere enriquecerse únicamente para el bien de los demás, para perderse por la

salvación de la humanidad, a experimentar la alegría de la filantropía y el sacrificio. Las

alegrías del alma son sólo una parte de la vida; y ellos no son mejores o más noble que

cualquier otra parte. Usted quiere hacerse rico con el fin de que usted puede comer, beber y

ser feliz cuando es el momento de hacer estas cosas; con el fin de que usted puede rodearse de cosas bellas, ver tierras distantes, alimentar su

mente, y desarrollar su intelecto;

con el fin de que es posible que aman a los hombres y hacer

cosas amables, y ser capaz de

hacer un buen papel en ayudar al mundo a encontrar la

verdad.

Pero recuerde que el altruismo extremo no es mejor ni más

noble que el egoísmo

extremo; ambos son errores.

Se puede olvidarse de la idea de que Dios quiere que

sacrificarse por los

demás, y que se le pueda prestar su favor al hacerlo; Dios

requiere nada de

eso.

Lo que quiere es que se debe sacar el máximo provecho de

sí mismo, por sí mismo, y para

los demás; y puede ayudar a otros más haciendo que la

mayor parte de ti mismo que en

cualquier otra forma.

Puede sacar el máximo provecho de sí mismo solamente

por hacerse rico; por lo que es

justo y loable que usted debe dar su primera y mejor

pensamiento al trabajo de la adquisición

de la riqueza.

Recuerde, sin embargo, que el deseo de la sustancia es para

todos, y sus movimientos

deben ser de más vida a todos; no se puede hacer para

trabajar por menos vida a cualquier,

porque es igual en todo, la búsqueda de la riqueza y la vida.

Sustancia inteligente hará las cosas para usted, pero no va a

tomar las cosas

lejos de alguien más y los dará a usted. Debe deshacerse de

la idea de la

competencia. Usted es crear, no para competir por lo que

ya está creado.

Usted no tiene que quitar nada a nadie. Usted no tiene que

conducir negocios

complicados.

Usted no tiene que hacer trampa, o para tomar ventaja. No

es necesario para permitir

que cualquier hombre funciona para usted por menos de lo

que gana. Usted no tiene

que codiciar la propiedad de otros, o de verlo con los ojos

de deseo; ningún hombre

tiene algo de lo que no se puede tener similares, y que sin

tener lo que tiene de él.

Usted debe convertirse en un creador, no un competidor;

usted va a obtener lo que desea,

pero de una manera tal que cuando se obtiene cualquier

otro hombre tendrá más de lo que

tiene ahora.

Soy consciente de que hay hombres que reciben una gran

cantidad de dinero

procediendo en oposición directa a las declaraciones

contenidas en el párrafo anterior, y

puede añadir una palabra de explicación aquí. Los hombres

del tipo plutocrático, que se

convierten muy rico, lo hacen a veces puramente por su

extraordinaria capacidad en el

plano de la competencia;

y aveces inconscientemente se relacionan

a sí mismos a la sustancia en sus grandes propósitos y

movimientos para la

edificación racial general a través de la evolución industrial.

. Rockefeller,

Carnegie, Morgan, et al, han sido los agentes inconscientes

del Supremo en el

trabajo necesario de sistematizar y organizar la industria

productiva; y al final,

su trabajo contribuirá enormemente hacia el aumento de la

vida para todos. Su

día está por terminar; han organizado la producción y

pronto será sucedido por

los agentes de la multitud, quienes organizarán la

maquinaria de distribución.

Los multimillonarios son como los reptiles monstruo de las

épocas prehistóricas;

juegan una parte necesaria en el proceso evolutivo, pero el

mismo poder que

producen ellos se deshará de ellas. Y es así que tener en

cuenta que nunca han

sido muy rica; un registro de la vida privada de la mayor

parte de esta clase

demostrará que realmente han sido los más abyecta y

miserable de los pobres.

Riches protegido en el plano competitivo nunca son

satisfactoria y permanente;

que son los suyos a día, y otro de mañana. Recuerde, si va a

hacerse rico de

una manera científica y cierta, debe elevarse por completo

fuera del

pensamiento competitivo. Nunca se debe pensar por un

momento que el

suministro es limitado. Tan pronto como se empieza a

pensar que todo el dinero

está siendo "arrinconado" y controlado por banqueros y

otros, y que se

debe esforzarse para conseguir leyes aprobadas para

detener este proceso, y así

sucesivamente; en ese momento se le cae en la mente

competitiva, y su poder para

hacer que la creación se ha ido por el momento; y lo que es

peor, es probable que la

detención de los movimientos creativos que ya han

instituido.

Sabemos que hay millones y millones de dólares en oro en

las montañas de la

tierra, sin embargo, no trajo a la luz de dólares; y saber que

si no fuera así, más

se crea a partir de la sustancia pensante para abastecer sus

necesidades.

Sabemos que el dinero que necesita vendrá, incluso si es

necesario que un millar de

hombres que se llevaron al descubrimiento de nuevas

minas de oro mañana.

Nunca mire el suministro visible; miran siempre a las

riquezas ilimitadas en la

sustancia sin forma, y saben que están viniendo a usted lo

más rápido que

puede recibir y utilizarlos. Nadie, acaparando el suministro

visible, puede evitar

que recibas lo que es suyo.

Por lo que nunca se permita pensar por un instante que se

tomarán todos los

mejores lugares de construcción antes de que esté listo

para construir su casa, a

menos que se da prisa. Nunca se preocupe por los

fideicomisos y cosechadoras,

y se ponen ansiosos por temor a que pronto llegará a

poseer toda la tierra. Nunca

se teme que va a perder lo que quiere porque alguna otra

persona "te pega a él".

Eso no puede suceder; no pretenden todo lo que se poseía

por nadie más; que

están causando lo que quiere ser creado a partir de la

sustancia sin forma, y la

oferta no tiene límites. Se adhieren a la declaración

formulada: -

Hay una materia de pensamiento de que están hechas todas

las cosas, y que, en

su estado original, impregna, penetra, y llena los

interespacios del universo.

Un pensamiento, en esta sustancia, produce la cosa que es

imaginada por el pensamiento.

El hombre puede formar cosas en su pensamiento, y si

impregna con su pensamiento a

la sustancia sin forma, puede causar la cosa que él piensa

a ser creado.

Cómo riquezas vienen a ti

Cuando digo que usted no tiene que conducir negocios

complicados, no quiero decir

que usted no tiene que conducir a ninguna gangas en

absoluto, o que están por

encima de la necesidad de tener ningún trato con sus

semejantes. Me refiero a que

no tendrá que lidiar con ellos injustamente; usted no tiene

que conseguir algo por

nada, pero puede dar a cada uno más de lo que toma de él.

No se puede dar a cada hombre más en valor de mercado

de dinero en efectivo que

usted toma de él, pero se le puede dar más en valor de uso

que el valor en efectivo de

la cosa que usted toma de él. El papel, tinta y otros

materiales en este libro pueden no

valer la pena el dinero que paga por ella; pero si las ideas

sugeridas por que te hace

poner miles de dólares, no has sido perjudicados por los

que se lo vendió; que le han

dado un gran valor de uso de un valor en efectivo pequeña.

Supongamos que tengo una

imagen de uno de los grandes artistas, los cuales, en

cualquier comunidad civilizada,

vale miles de dólares. Lo llevo a Baffin Ray, y por "el arte de

vender" inducir una

esquimales para dar un manojo de pieles valor de $ 500

para ella. Realmente lo he

hecho mal, porque él no tiene ningún uso para la imagen;

que no tiene valor de uso para

él; no se sumará a su vida.

Pero supongamos que le doy una pistola valor de $ 50 para

las pieles; entonces se ha

hecho un buen negocio. Tiene utilizar el arma; obtendrá él

muchos más pieles y mucha

comida; que se sumará a su vida en todos los sentidos; Lo

hará rico.

Cuando usted se levanta de la competencia al plano

creativo, puede escanear sus

transacciones comerciales de forma muy estricta, y si usted

está vendiendo cualquier

hombre nada que no añade más a su vida que lo que le dará

a cambio, puede darse el

lujo de dejar de eso. Usted no tiene que vencer a cualquiera

en los negocios. Y si usted

está en un negocio que hace golpear a la gente, salir de ella

a la vez. Dar a cada hombre

más en valor de uso que usted toma de él en el valor en

efectivo; a continuación, va a

agregar a la vida del mundo por cada transacción de

negocios.

Si usted tiene gente trabajando para usted, usted debe

tomar de ellos más en

valor de dinero que se les paga en salarios; pero por lo que

puede organizar su

negocio que va a ser llenado con el principio de avance, y

para que cada

empleado que lo desee puede avanzar un poco cada día.

Usted puede hacer ver su empresa para sus empleados lo

que este libro

haciendo por ti. Puede dirigir su negocio por lo que será una

especie de

escalera, por el cual todos los empleados que se tome la

molestia puede subir a

la riqueza a sí mismo; y dada la oportunidad, si él no lo hará,

no es tu culpa. Y,

por último, porque eres para causar la creación de tus

riquezas de la

SUSTANCIA SIN FORMAR que impregna todo su entorno, no

se sigue que son

a tomar forma de la atmósfera y llegar a existir ante sus

ojos. Si quieres una

máquina de coser, por ejemplo, no me refiero a decir que

usted es para

impresionar a la idea de una máquina de coser en el

pensamiento de sustancias

hasta que la máquina se forma a mano, en la sala donde se

sienta, o en otro

lugar. Pero si quieres una máquina de coser, mantener la

imagen mental de ello

con la certeza más positivo que se está haciendo, o está en

camino a usted.

Después, una vez que forma el pensamiento, tener la fe más

absoluta e

incuestionable que la máquina de coser está llegando;

Nunca lo pienso, o

hablar, de ella, de cualquier otro modo que como

asegurándose de llegar.

Reclamar como ya es tuya.

Se llevó a usted por el poder de la Inteligencia Suprema,

actuando sobre las

mentes de los hombres. Si usted vive en Maine, puede ser

que un hombre será

traído de Texas o Japón para participar en alguna operación

que dará lugar a

su conseguir lo que desea.

Si es así, todo el asunto será tanto a la ventaja de que el

hombre, ya que es a la suya.

No se olvide por un momento que la sustancia pensante es

a través de todo, en

general, la comunicación con todos, y puede influir en

absoluto. El deseo de

pensar de sustancias de vida más plena y mejor vida ha

causado la creación de

todas las máquinas de coser ya realizadas; y puede causar la

creación de

millones más,

y tendrán, cada vez que los hombres ponerlo en

movimiento por el deseo y la fe, y al actuar de una

manera determinada.

Por supuesto que puede tener una máquina de coser en su

casa; y es tan

cierto que puede tener cualquier otra cosa o cosas que

desea, y que va a

utilizar para el avance de su propia vida y la vida de otros.

No se necesita dude en pedir en gran medida; "Es voluntad

del Padre para

daros el reino", dijo Jesús. Sustancia original quiere vivir

todo lo que es posible

en vosotros, y quiere que tenga todo lo que puede o va a

utilizar para la vida de

la vida más abundante.

Si se fijan en su conciencia el hecho de que el deseo que

siente por la

posesión de riquezas es uno con el deseo de la

Omnipotencia para la

expresión más completa, su fe se convierte en invencible.

Una vez vi a un niño sentado en un piano, y en vano

tratando de llevar a cabo la

armonía de las claves; y vi que tenía dolor y provocado por

su incapacidad para

reproducir música real. Le pregunté la causa de su aflicción,

y me respondió: "Puedo

sentir la música en mí, pero no puedo hacer que mis manos

van bien". La música en

él era el impulso de la sustancia original, que contiene todas

las posibilidades de toda

la vida; todo lo que hay de la música fue en busca de la

expresión a través del niño.

Dios, la única sustancia, está tratando de vivir y hacer y

disfrutar de las cosas a través de la

humanidad. Él está diciendo "Quiero manos para construir

estructuras maravillosas, para

jugar armonías divinas, pintar cuadros gloriosos; quiero pies

para correr mis mandados, ojos

para ver mis bellezas, lenguas para decir verdades

poderosas y cantar canciones

maravillosas", y por lo en.

Todo lo que hay de posibilidad es la búsqueda de la

expresión a través de los hombres.

Dios quiere que los que puede reproducir música tengan

pianos y cualquier otro

instrumento, y tener los medios para cultivar sus talentos

en la mayor medida; Él quiere

que los que se puede apreciar la belleza de ser capaz de

rodearse de cosas bellas; Él

quiere que los que pueden discernir la verdad de tener

todas las oportunidades para

viajar y observar; Él quiere que los que pueden apreciar el

vestido

que estaba muy bien vestidos, y los que pueden apreciar la

buena comida para

alimentar lujo.

Quiere que todas estas cosas porque es Él mismo que

disfruta y las aprecia; Dios

es el que quiere jugar, y cantar, y disfrutar de la belleza, y

proclamar la verdad y

llevar ropa fina, y comer alimentos buenos. "Dios es el que

obra en vosotros el

querer como el hacer," dijo Paul.

El deseo que siente por las riquezas es el infinito, buscando

exprese en la que

como él trató de encontrar su expresión en el niño en el

piano.

Lo que no tiene dude en preguntar en gran medida. Su

parte es focalizar y expresar

el deseo de Dios. Este es un punto difícil con la mayoría de

las personas; que

conservan algo de la vieja idea de que la pobreza y el

sacrificio son agradables a

Dios. Miran a la pobreza como parte del plan, una

necesidad de la naturaleza.

Tienen la idea de que Dios ha terminado su obra, e hizo

todo lo que puede hacer, y

que la mayoría de los hombres debe seguir siendo pobres

porque no hay suficiente

para todos. Llevan a cabo a gran parte de esta idea errónea

de que se sienten

vergüenza de pedir la riqueza; tratan de no querer más que

una competencia muy

modesto,

sólo lo suficiente para que sean bastante

cómodo.

Ahora recuerdo el caso de un estudiante que se le dijo que

tenía que estar en la

mente una imagen clara de las cosas que deseaba, por lo

que el pensamiento

creativo de ellos podría ser impresionado en la sustancia sin

forma. Era un

hombre muy pobre, que vive en una casa alquilada, y tener

sólo lo que él ganaba

día a día; y no podía comprender el hecho de que toda la

riqueza era de él. Así

que, después de reflexionar en ello, decidió que podría

legítimamente pedir una

nueva alfombra para el suelo de su mejor habitación, y una

estufa de carbón de

antracita para calentar la casa durante el tiempo frío.

Siguiendo las instrucciones

dadas en este libro, obtuvo estas cosas en unos pocos

meses; y luego se le

ocurrió que no había pedido suficiente. Pasó por la casa en

la que vivía, y planeó

todas las mejoras que le gustaría hacer en ella; agregó

mentalmente un ventanal

aquí y una habitación allí,

fue completa en su mente como su casa ideal; y luego

planeó su mobiliario.

La celebración de toda la imagen en su mente, comenzó a

vivir en una manera

determinada, y moverse hacia lo que quería; y es dueño de

la casa ahora, y es la

reconstrucción después de la forma de su imagen mental. Y

ahora, con aún

mayor fe, él va a conseguir grandes cosas. Ha sido hecho

con él según su fe, y es

así que con usted y con todos nosotros.

Gratitud.

Las ilustraciones que figuran en el capítulo anterior se han

transmitido al lector el

hecho de que el primer paso para hacerse rico es el de

transmitir la idea de sus

deseos a la sustancia sin forma. Esto es cierto, y verá que

con el fin de hacer lo

que se hace necesario relacionar a sí mismo a la inteligencia

sin forma de una

manera armoniosa.

Para asegurar esta relación armónica es un asunto de tanta

importancia

primordial y vital que yo le daré un poco de espacio a la

discusión aquí, y le

dará instrucciones que, si se quiere seguir ellos, estará

seguro de que poner en

perfecta unidad de mente con Dios .

Todo el proceso de ajuste mental y la expiación se puede

resumir en una sola

palabra, gratitud.

En primer lugar, usted cree que hay una sustancia

inteligente, de la cual proceden

todas las cosas; En segundo lugar, se cree que esta

sustancia le da todo lo que

desea; y tercero, que se relacionan a sí mismo a ella por un

sentimiento de gratitud

profunda y profunda. Muchas personas que ordenan sus

vidas con razón en todo lo

demás se mantienen en la pobreza por su falta de gratitud.

Habiendo recibido un

regalo de Dios, cortaron los cables que los conectan con él

al no realizar el

reconocimiento.

Es fácil de entender que cuanto más cerca vivimos a la

fuente de la riqueza,

más riqueza recibiremos; y es fácil de entender también que

el alma que está

siempre agradecida vive en un contacto más estrecho con

Dios que el que

nunca mira a él en reconocimiento agradecido.

Cuanto más agradecido que fijamos nuestra mente en el

Supremo cuando las cosas

buenas llegan a nosotros, los más cosas buenas que

recibirán, y cuanto más rápidamente

que vendrán; y la razón es simplemente que la actitud

mental de agradecimiento señala a

la mente en contacto más estrecho con la fuente de donde

vienen las bendiciones.

Si se trata de un nuevo pensamiento a usted que la gratitud

trae toda su mente

en mayor armonía con las energías creativas del universo,

consideramos que es

bueno, y se verá que es cierto. Las cosas buenas que ya

tiene que han llegado a

lo largo de la línea de obediencia a ciertas leyes. Gratitud

conducirá su mente a

lo largo de los caminos por los que vienen cosas; y se

mantendrá en estrecha

armonía con el pensamiento creativo y le impide caer en el

pensamiento

competitivo.

Gratitud por sí solo puede mantenerse mirando hacia el

Todo, y evitar que

caigan en el error de pensar que el suministro es limitado; y

para hacer eso

sería fatal para sus esperanzas. Hay una ley de la gratitud, y

es absolutamente

necesario que usted debe observar la ley, si va a obtener los

resultados que

busca.

La ley de la gratitud es el principio natural que la acción y la

reacción son

siempre iguales, y en direcciones opuestas. El outreaching

agradecidos de su

mente en alabanza agradecida a la Suprema es una

liberación o el gasto de la

fuerza; no puede dejar de llegar a aquello a lo que se dirigió,

y la reacción es un

movimiento instantáneo hacia usted.

"Acercaos a Dios, y él se acercará a vosotros." Esa es una

declaración de la

verdad psicológica.

Y si tu gratitud es fuerte y constante, la reacción en la

SUSTANCIA SIN

FORMAR será fuerte y continuo; el movimiento de las cosas

que desea será

siempre hacia usted. Note la actitud agradecida que Jesús

tomó; como él

siempre parece estar diciendo "Te alabo, Padre, que me

oyes." No se puede

ejercer mucho poder sin gratitud; porque es la gratitud que

le mantiene

conectado con el Poder. Pero el valor de la gratitud no

consiste únicamente en

conseguir que más bendiciones en el futuro. Sin gratitud no

se puede mantener

a largo del pensamiento insatisfechos con respecto a las

cosas como son. En el

momento que permite que su mente para vivir con la

insatisfacción en las cosas

como son, se empieza a perder terreno. Tu arreglas

atención en lo común, lo ordinario, los pobres y los

escuálidos y media; y su

mente toma la forma de estas cosas. A continuación, se le

transmitirá estas

formas o imágenes mentales a lo informe, y lo común, los

pobres, los

miserables, y la media se llega a usted.

Para permitir que su mente a espaciarse en el inferior es

llegar a ser inferior y

rodearse de cosas inferiores. Por otro lado, para fijar su

atención en el mejor es

rodearse de los mejores, y convertirse en el mejor. El poder

creativo dentro de

nosotros nos convierte en la imagen de aquella a la que

damos nuestra

atención.

Estamos pensando sustancia, y la sustancia pensante

siempre toma la forma

de lo que se piensa.

La mente agradecida se fija constantemente sobre la mejor;

por lo tanto, tiende a

convertirse en el mejor; que toma la forma o el carácter de

los mejores, y recibirá el

mejor.

También, la fe nace de la gratitud. La mente agradecida

espera continuamente

cosas buenas, y la expectativa se convierte en fe. La

reacción de gratitud a la

propia mente produce fe; y cada saliente de onda de acción

de gracias

agradecidos aumenta la fe. El que no tiene sentimiento de

gratitud no puede

conservar durante mucho tiempo una fe viva; y sin una fe

viva que no puede

hacerse rico por el método creativo, como veremos en los

siguientes capítulos.

Es necesario, entonces, cultivar el hábito de estar

agradecido por todo lo bueno

que viene a ti; y dar gracias continuamente.

Y porque todas las cosas han contribuido a su avance, debe

incluir todas las

cosas en su agradecimiento. No pierda tiempo pensando o

hablando de las

carencias o las acciones incorrectas de plutócratas o

magnates. Su

organización del mundo ha hecho su oportunidad; todo lo

que realmente consigue

que viene a causa de ellos.

No rabia contra los políticos corruptos; si no fuera por los

políticos debemos

caer en la anarquía, y su oportunidad sería disminuido en

gran medida.

Dios ha trabajado mucho tiempo y mucha paciencia para

traernos hasta donde

estamos en la industria y el gobierno, y él se va a la derecha

con su trabajo. No

hay la menor duda de que él va a acabar con plutócratas, magnates, capitanes

de la industria, y los políticos en cuanto se puede ahorrar; pero mientras tanto,

he aquí - todo lo que son muy buenos. Recuerde que todos ellos están

ayudando a organizar las líneas de transmisión a lo largo de sus riquezas, que

vendrá a ti, y estar agradecidos a todos ellos. Esto le llevará a las relaciones

armoniosas con lo bueno en todo, y lo bueno en todo se moverá hacia usted.

Pensando en la manera determinada.

Dar marcha atrás al capítulo 6 y leer de nuevo la historia del hombre que forma una imagen mental de su casa, y obtendrá una idea justa del

paso inicial para

hacerse rico. Debe formar una imagen mental clara y

definida de lo que quiere;

no se puede transmitir una idea a menos que tenga usted

mismo.

Debe tener antes de poder darle; y muchas personas dejan

de impresionar

Pensando Sustancia porque ellos mismos tienen sólo un

concepto vago y

brumoso de las cosas que quieren hacer, tener, o llegar a

ser.

No es suficiente que usted debe tener un deseo general de

la riqueza "para hacer el bien

con"; todo el mundo tiene ese deseo.

No es suficiente que debe tener el deseo de viajar, ver

cosas, vivir más, etc. Todo

el mundo tiene esos deseos también. Si se va a enviar un

mensaje inalámbrico a

un amigo, que no enviaría las letras del alfabeto en su

orden, y le permitirá

construir el mensaje por sí mismo; ni le llevará palabras al

azar del diccionario. Se

podría enviar una frase coherente; una que significaba algo.

Cuando intenta

impresionar a sus deseos sobre la SUSTANCIA, recuerde que

debe ser realizada

por una declaración coherente; usted debe saber lo que

quiere, y ser definido.

Nunca se puede enriquecerse, o iniciar el poder creativo en

acción, mediante el

envío de anhelos y deseos vagos no formadas. Repasar sus

deseos al igual que

el hombre que he descrito fue al otro lado de su casa; ve

sólo lo que quieres, y

obtener una imagen mental clara de lo que desea que se

vea cuando usted lo

consigue.

Esa imagen mental clara que debe tener siempre en mente,

como el marinero

tiene en cuenta el puerto hacia el cual navega la nave; debe

mantener su cara

hacia él todo el tiempo. Usted no más tiene que perder de

vista que el timonel

se pierde de vista la brújula.

No es necesario hacer ejercicios de concentración, ni

apartar momentos

especiales para la oración y la afirmación, ni a "entrar en

el silencio ", ni para hacer acrobacias ocultos de ningún tipo.

T stos las cosas están

bastante bien, pero todo lo que necesita es saber lo que

quiere, y que desearlo lo

suficiente como para que se quedará en sus pensamientos.

Pasa tanto de su tiempo libre

como sea posible en la contemplación de su imagen, pero

nadie tiene que hacer

ejercicios para concentrar su mente en algo que él

realmente quiere; son las cosas que

realmente no se preocupan por lo que requiere un esfuerzo

para fijar su atención sobre

ellos.

Y a menos que realmente quiere hacerse rico, por lo que el

deseo es lo suficientemente

fuerte como para mantener sus pensamientos dirigidos a la

finalidad que el polo magnético

sostiene la aguja de la brújula, que casi no valdrá la pena

para que usted intente llevar a

cabo las instrucciones dada en este libro.

Los métodos aquí expuestos son para las personas cuyo

deseo de riqueza es lo

suficientemente fuerte como para superar la pereza mental

y el amor a la comodidad, y hacer

que funcionen.

Cuanto más clara y definida de tomar su foto a

continuación, y cuanto más usted

mora sobre ella, llevando a cabo todos sus detalles

encantadores, más fuerte será

su deseo será; y cuanto más fuerte su deseo, más fácil será

mantener su mente

fija en la imagen de lo que quiere.

es algo más necesario, sin embargo, que simplemente para

ver la imagen con

claridad. Si eso es todo lo que hacen, que son sólo un

soñador, y tendrá poco o

ningún poder para el logro. Detrás de su visión clara debe

ser el propósito de

realizarlo; para llevarlo a cabo en la expresión tangible.

Y detrás de este propósito debe ser una fe inquebrantable y

firme de que la

cosa ya es tuya; que es "cerca" y usted solo tiene que tomar

posesión de ella.

Vivir en la nueva casa, mentalmente, hasta que toma forma

a su alrededor

físicamente. En el reino mental, entrar a la vez en pleno

goce de las cosas que

quiere.

"Todo lo que pedís para cuando oréis, creed que lo

recibiréis, y os vendrá", dijo

Jesús.

Ver las cosas que quiere como si fueran en realidad a su

alrededor todo el tiempo;

verse a sí mismo como la posesión y el uso de ellos. Hacer

uso de ellos en la

imaginación del mismo modo que se utilicen cuando son sus

posesiones tangibles.

Espaciarse en su imagen mental hasta que sea clara y

distinta, y luego tomar la

actitud mental de Propiedad hacia todo en ese cuadro.

Tomar posesión de ella, en

la mente, en la fe completa que en realidad es la suya.

Mantenga a esta propiedad

mental; ¿no renuncia por un instante en la fe que es real.

Y recordar lo que se dijo en un capítulo procedimiento

sobre la gratitud; ser tan

agradecido por todo el tiempo que usted espera a ser

cuando se ha tomado forma. El

hombre que sinceramente puede agradecer a Dios por las

cosas que todavía que posee

solamente en la imaginación, tiene fe verdadera. Se hará

rico; que hará que la creación

de todo lo que él quiere.

No es necesario orar repetidamente por las cosas que

desea; no es necesario

decir a Dios todos los días.

"Usar repeticiones no inútiles, como los gentiles," dijo Jesús

dijo a sus alumnos, "porque

vuestro Padre sabe º a tenéis necesidad de estas cosas

antes que vosotros le pidáis ".

Su parte es formular inteligentemente su deseo por las

cosas que hacen para una

vida más grande, y el deseo de obtener estos dispuestas en

un todo coherente; y

después de impresionar a todo este deseo en la sustancia

sin forma, que tiene el

poder y la voluntad para lograr que lo que quiere.

No se hace esta impresión repitiendo cadenas de palabras;

usted lo hace mediante

la celebración de la visión con un propósito inquebrantable

para alcanzar dicho

objetivo, y con fe firme que lo alcanzan. La respuesta a la

oración no es de acuerdo

a su fe mientras está hablando, pero de acuerdo a su fe

mientras se está

trabajando. No se puede impresionar a la mente de Dios por

tener un día especial

de reposo apartado para decirle lo que quiere, y el norte

El olvido durante el resto de la semana. No se le puede

impresionar por tener

horarios especiales para entrar en su armario y rezar, si

A continuación, descartar el asunto de su mente hasta la

hora de la oración viene de

nuevo.

la oración oral es lo suficientemente bueno, y tiene su

efecto, especialmente sobre sí

mismo, para aclarar su visión y el fortalecimiento de su fe;

pero no es sus peticiones

orales que conseguir lo que quiere. Con el fin de hacerse

rico no es necesario un

"dulce hora de oración"; es necesario "orar sin cesar". Y por

la oración me refiero a

la celebración de forma constante a su visión, con el

propósito de causar su creación

en forma sólida, y la fe que lo están haciendo. "Creed que lo

recibiréis."

Todo el asunto se convierte en la recepción, una vez que se

ha formado con

claridad su visión. Cuando haya formado ello, es

conveniente hacer una

declaración oral, dirigiéndose al Supremo en la oración

reverente; y desde ese

momento se debe, en la mente, recibir lo que pide. Vivir en

la nueva casa; llevar la

ropa fina; montar en el automóvil; ir en el viaje, y con

confianza para planificar

mayores desplazamientos. Pensar y hablar de todas las

cosas que hemos pedido

en términos de propiedad real y presente. Imagínese un

entorno, y una condición

financiera exactamente como usted desee, y vivir todo el

tiempo en ese ambiente

imaginario y condición financiera. Mente, sin embargo, que

usted no hace esto

como un mero soñador y constructor del castillo; mantener

a la fe que lo imaginario

se está realizando, y con el fin de darse cuenta de ello.

Recuerde que es la fe y

propósito en el uso de la imaginación que hacen la

diferencia entre el científico y el

soñador. Y después de haber aprendido este hecho, es ahí

donde se debe

aprender el uso correcto de la voluntad.

Cómo utilizar la voluntad.

Para establecer trata de hacerse rico de una manera

científica, no se intenta aplicar su fuerza

de voluntad para nada fuera de sí mismo. Su no tienen

derecho a hacerlo, de todos modos.

Es erróneo aplicar su voluntad a otros hombres y mujeres,

con el fin de conseguir que

hagan lo que desea hacer.

Es tan flagrante mal forzar a la gente por el poder mental

como lo es para

obligarlos por la fuerza física. Si la gente de peso por la

fuerza física para hacer las

cosas para que los reduce a la esclavitud, obligándolos

mediante mentales logra

exactamente lo mismo; la única diferencia es en los

métodos. Si va a tomar cosas

de la gente por la fuerza física es un robo, ellos tomando las

cosas por la fuerza

mental es también un robo; no hay diferencia en principio.

Usted no tiene derecho

a usar su fuerza de voluntad a otra persona, incluso "por su

propio bien"; para que

usted no sabe lo que es para su bien. La ciencia de hacerse

rico no le requiere

para aplicar potencia o fuerza a cualquier otra persona, de

cualquier manera que

sea. No hay la más mínima necesidad de hacerlo; de hecho,

cualquier intento de

usar su voluntad sobre otros sólo tenderá a derrotar a su

propósito.

No es necesario aplicar su voluntad a las cosas, con el fin de

obligarlos a venir a

usted.

Eso simplemente sería tratar de coaccionar a Dios, y sería

tonto e inútil, así

como irreverente.

Usted no tiene que obligar a Dios que le dé cosas buenas,

más de lo que tiene que

utilizar su fuerza de voluntad para hacer salir el sol. Usted

no tiene que utilizar su

fuerza de voluntad para conquistar una deidad poco

amistosa, o para hacer fuerzas

terco y rebelde que hagan tu voluntad.

Sustancia es amigable con usted, y es más ansioso por darle

lo que quiere de lo que

son para conseguirlo.

Para hacerse rico, sólo tiene que utilizar su fuerza de

voluntad sobre sí mismo.

Cuando se sabe qué pensar y hacer, entonces usted debe

usar su voluntad para obligar a ti

mismo para pensar y hacer las cosas correctas. Ese es el uso

legítimo de la voluntad para

conseguir lo que quiere - para usarlo en la celebración de sí

mismo para el curso correcto.

Utilice su voluntad para mantenerse pensando y actuando

de una manera determinada. No

trate de proyectar su voluntad, o sus pensamientos, o su

mente hacia el espacio, a "actuar"

en las cosas o personas.

Mantenga su mente en el hogar; se puede lograr más que

en otras partes.

Usa tu mente para formar una imagen mental de lo que

quiere, y para mantener esa

visión con fe y propósito; y usar su voluntad para mantener

su mente trabajando en la

manera correcta.

Cuanto más estable y continua su fe y propósito, más

rápidamente se harán

ricos, porque usted hará impresiones único positivo en la

sustancia; y no se

neutralizar o compensarlos por las impresiones negativas.

La imagen de sus

deseos, celebrado con fe y propósito, es absorbido por la

forma, e impregna a

grandes distancias - a través del universo, por lo que sé.

A medida que esta impresión se extiende, todas las cosas se

encuentran en movimiento

hacia su realización; todo ser vivo, cada cosa inanimada, y

las cosas que aún no creado,

se agitan hacia traer a las cosas que desea. Toda la fuerza

comienza a ser ejercida en

esa dirección; todas las cosas comienzan a moverse hacia

usted. La mente de las

personas, en todas partes, están influenciados hacia hacer

las cosas necesarias para el

cumplimiento de sus deseos; y trabajan para usted, de

manera inconsciente.

Pero se puede comprobar todo esto al iniciar una impresión

negativa en la sustancia sin

forma. Duda o incredulidad es tan cierto para iniciar un

movimiento lejos de usted como

la fe y el propósito son iniciar uno

hacia ti. Es por no entender esto que la mayoría de las

personas que tratan de

hacer uso de la "ciencia mental" hacerse rico hacen su

fracaso. Cada hora y

momento en que se gasta en dar atención a las dudas y

temores, cada hora que

pasan en la preocupación, cada hora en la que el alma es

poseída por la

incredulidad, establece una corriente lejos de usted en todo

el dominio de la

sustancia inteligente. Todas las promesas son los que creen

a, y sólo a ellos.

Observe cómo Jesús fue insistente en este punto de la

creencia; y ahora usted

sabe por qué.

Dado que la creencia es lo más importante, que le

corresponde para proteger sus

pensamientos; y como sus creencias estarán conformadas

en gran medida por las

cosas que observar y pensar, es importante que usted debe

ordenar a su atención.

Y aquí la voluntad entra en uso; ya que es por su voluntad la

que determina de

qué cosas se fijará su atención. Si quieres ser rico, no hay

que hacer un

estudio de la pobreza.

Las cosas no son traídos a la existencia por pensar en sus

opuestos. La salud es para no

ser alcanzado mediante el estudio de la enfermedad y

pensando en la enfermedad; la

justicia no debe ser promovida mediante el estudio de

pecado y pensando en el pecado; y

nadie se hizo rico mediante el estudio de la pobreza y

pensando en la pobreza.

La medicina como una ciencia de la enfermedad ha

aumentado la enfermedad; la

religión como una ciencia del pecado ha promovido el

pecado, y la economía como un

estudio de la pobreza va a llenar el mundo de la miseria y la

necesidad. No hable de la

pobreza; no investigan, o preocuparse por ella. No importa

cuáles son sus causas; que

no tienen nada que ver con ellos. Lo que preocupa es la

cura.

No gaste su tiempo en el trabajo de caridad, o movimientos

de caridad; toda

caridad sólo tiende para perpetuar la

la miseria que pretende erradicar.

No digo que usted debe ser de corazón duro o

desagradable, y se niegan a escuchar el

grito de necesidad; pero no se debe tratar de erradicar

pobreza en cualquiera de las formas convencionales. Ponga

la pobreza detrás de

usted, y poner todo lo que pertenece a él detrás de usted, y

"hacer bien". Hacerse

rico; que es la mejor forma de ayudar a los pobres. Y no se

puede mantener la imagen

mental que se va a hacer rico si usted llena su mente con

imágenes de la pobreza. No

leer libros o papeles que dan cuentas circunstanciales de la

miseria de los habitantes

de la vecindad, de los horrores del trabajo infantil, y así

sucesivamente. No lea nada

que llena su mente con imágenes sombrías de la miseria y el

sufrimiento.

No se puede ayudar a los pobres en lo más mínimo por

saber acerca de estas cosas; y el

conocimiento generalizado de ellos no tiende en absoluto

para acabar con la pobreza.

Lo que tiende a acabar con la pobreza no es el conseguir de

las imágenes de la

pobreza en su mente, pero conseguir imágenes de la

riqueza en las mentes de los

pobres.

No estén dejando al pobre en su miseria cuando usted se

niega a permitir que su

mente se llene de fotos de esa miseria. La pobreza puede

ser eliminada, no

mediante el aumento del número de personas de buen

pasar que piensan acerca

de la pobreza, pero al aumentar el número de personas

pobres que el propósito de

la fe para hacerse rico. Los pobres no necesitan caridad; que

necesitan inspiración.

La caridad sólo les envía una barra de pan para mantenerlos

vivos en su miseria, o

les da un entretenimiento para hacerlos olvidar durante una

hora o dos; pero la

inspiración hará que se levantan de su miseria. Si desea

ayudar a los pobres, a

demostrar que ellos pueden llegar a ser rico; probarlo por enriquecerse a sí mismo.

La única forma en la que alguna vez se desterró la pobreza de este mundo es imprescindible

adquirir una amplia y en constante aumento del número de personas a la práctica las

enseñanzas de este libro.

Las personas deben aprender a ser rico por la creación, no por la competencia.

Todo hombre que se enriquece por la competencia lanza abajo detrás de él la escalera

por la que se eleva y mantiene a otros hacia abajo; pero cada hombre que se

enriquece por la creación abre un camino para que miles de personas a lo siguen, y los inspira para hacerlo. Usted no está demostrando la

dureza de corazón o una

disposición insensible cuando se niega a la pobreza lástima,

ver la pobreza, leer sobre

la pobreza, o pensar o hablar de ello, o para escuchar a los

que no hablar de ello.

Utilizar su fuerza de voluntad para mantener su mente

fuera del tema de la pobreza, y

para mantenerla fija con fe y propósito en la visión de lo

que quiere.

El uso adicional de la voluntad.

USTED no puede retener una visión verdadera y clara de la

riqueza si usted está

constantemente girando su atención a las imágenes

opuestas, ya sean externos o

imaginario.

No hablan de sus problemas pasados de carácter financiero,

si ha tenido ellos. No

pensar en ellos en absoluto. No le diga a la pobreza de sus

padres, o las

dificultades de su vida temprana; hacer cualquiera de estas

cosas es mentalmente

clase a sí mismo con los pobres, por el momento, y sin duda

va a comprobar el

movimiento de las cosas en su dirección.

"Deja que los muertos entierren a sus muertos", como dijo

Jesús.

Ponga la pobreza y todas las cosas que pertenecen a la

pobreza por completo detrás de usted.

Usted ha aceptado una cierta teoría del universo como

correcta, y están descansando

todas sus esperanzas de felicidad de que ésta sea correcta;

y ¿qué se puede ganar

mediante escuchando a teorías en conflicto?

No leer libros religiosos que dicen que el mundo va a venir

pronto a su fin; y no

leer la escritura de muckrakers y filósofos pesimistas que

dicen que va al

diablo.

El mundo no se va al diablo; que va a Dios. Es maravilloso

devenir.

Es verdad que puede ser un buen número de cosas en las

condiciones existentes,

que son desagradables; pero lo que es el uso de estudiarlos

cuando son ciertamente

pasa, y cuando el estudio de ellos sólo tiende a comprobar

su fallecimiento y

mantenerlos con nosotros? ¿Por qué dar tiempo y atención

a las cosas que están

siendo eliminados por el crecimiento evolutivo, cuando se

puede acelerar su

eliminación sólo promoviendo el crecimiento evolutivo en

cuanto a su parte de ella va?

No importa qué tan horrible en aparente pueden ser las

condiciones en ciertos

países, secciones o lugares, perder el tiempo y destruir sus

propias posibilidades

al considerarlos. Usted mismo debe interés en el mundo de

llegar a ser rico.

Piense en la riqueza del mundo está entrando en vez de la

pobreza que está

creciendo fuera de; y tener en cuenta que la única forma en

que puede ayudar al

mundo en el cultivo rico es por enriquecerse a sí mismo a

través del método

creativo - no el que competitivo.

Centre toda su atención en su totalidad a la riqueza; ignorar

la pobreza. Siempre

que usted piense o hable de los que son pobres, pensar y

hablar de ellos como los

que se están haciendo ricos; como los que han de ser

felicitados en vez de lástima.

Entonces ellos y otros captar la inspiración, y comenzar a

buscar la manera de salir.

Porque digo que son para dar todo su tiempo y la mente y

el pensamiento a la

riqueza, no se sigue que son para ser sórdida o media.

Para llegar a ser realmente rico es el objetivo más noble que

puede tener en la vida, ya que

incluye todo lo demás.

En el plano competitivo, la lucha para hacerse rico es una

lucha sin Dios por el poder

sobre otros hombres; pero cuando entramos en la mente

creativa, todo esto ha

cambiado.

Todo lo que es posible en el camino de la grandeza y el

desarrollo del alma, de servicio y

esfuerzo elevado, viene por medio de enriquecerse; todo es

hecho posible por el uso de

las cosas.

Si te falta para la salud física, se dará cuenta de que la

consecución de la misma está

condicionada a su conseguir rica.

Sólo aquellos que se emancipó de preocupaciones

financieras, y que tienen los medios para

vivir una existencia libre de cuidado y seguir las prácticas de

higiene, puede tener y conservar

la salud.

grandeza moral y espiritual es posible sólo a aquellos que

están por encima de la

batalla competitiva por la existencia; y sólo aquellos que

están convirtiendo rica en el

plano del pensamiento creativo son libres de las influencias

degradantes de la

competencia. Si su corazón está puesto en la felicidad

doméstica, recuerda que el

amor florece mejor donde hay refinamiento, un alto nivel

de pensamiento y la libertad

de influencias perniciosas; y éstos se encuentran sólo

cuando la riqueza se alcanzan

mediante el ejercicio del pensamiento creativo, sin

contienda o rivalidad.

Puede aspirar a nada tan grande o noble, repito, como

llegar a ser rico; y debe

fijar su atención en su imagen mental de la riqueza, a la

exclusión de todo lo que

puede tender a oscurecer u ocultar la visión.

Usted debe aprender a ver la verdad que subyace en todas

las cosas; usted debe ver bajo

todas las condiciones aparentemente equivocadas, la Gran

Vida Una vez en movimiento

hacia una expresión más completa y la felicidad más

completa.

Es la verdad que no hay tal cosa como la pobreza; que sólo

hay riqueza.

Algunas personas permanecen en la pobreza porque son

ignorantes del hecho de que

hay riqueza para ellos; y estos pueden ser mejor enseñados,

mostrándoles el camino a

la opulencia en su propia persona y la práctica.

Otros son pobres porque, aunque se sienten que hay una

salida, son demasiado

indolentes intelectualmente a hacer el esfuerzo mental

necesario para encontrar

de esa manera y viajar por ella; y para éstos lo mejor que

puede hacer es

despertar su deseo mostrándoles la felicidad que viene de

ser rica con razón.

Otros todavía son pobres porque, aunque tienen alguna

noción de la ciencia, se

han vuelto tan hundido y perdido en el laberinto de teorías

metafísicas y ocultas

que no saben qué camino tomar. Tratan una mezcla de

muchos sistemas y

fracasan en absoluto. Para éstos, una vez más, lo mejor que

puede hacer es

mostrar el camino correcto en su propia persona y la

práctica; una onza de hacer

las cosas vale una libra de la teoría.

Lo mejor que puede hacer por todo el mundo es hacer que

la mayor parte de sí

mismo.

Puede servir a Dios y el hombre de ninguna manera más

eficaz que por

enriquecerse; es decir, si te haces rico por el método

creativo y no por el

competitivo.

Otra cosa. Afirmamos que este libro da en detalle los

principios de la ciencia de

hacerse rico; y si eso es cierto, no es necesario leer

cualquier otro libro sobre el

tema. Esto puede sonar estrecha y egoísta, pero tenga en

cuenta: no existe un

método más científico de la computación en matemáticas

que por la suma,

resta, multiplicación y división; ningún otro método es

posible. No puede haber

más que una distancia más corta entre dos puntos. Sólo hay

una manera de

pensar científicamente, y que es pensar en el camino que

conduce por la ruta

más directa y sencilla a la meta. Ningún hombre ha

formulado un "sistema"

menos complejo que el establecido en el presente

documento más breve o; que

ha sido despojado de todos los que no son esenciales. Al

iniciar en esto, poner

todos los otros a un lado; poner fuera de su mente por

completo.

Leer este libro todos los días; mantener con usted;

memorizarlo, y no pensar

en otros "sistemas" y teorías. Si lo hace, usted comenzará a

tener dudas, ya

sea incierta y vacilante en su pensamiento; y entonces

comenzar a hacer

fallos.

Después de haber hecho bien y llegar a ser rico, es posible

estudiar otros sistemas como

mucho a su gusto; pero hasta que esté completamente

seguro de que usted ha ganado lo

que quiere, no leen nada en esta línea, pero este libro, a

menos que se trate de los

autores mencionados en el prefacio.

Y leer sólo los comentarios más optimistas sobre las noticias

del mundo; aquellos

en armonía con su imagen.

Además, posponer sus investigaciones sobre lo oculto. No

se meten en la

teosofía, el espiritismo, o estudios afines. Es muy probable

que los muertos

siguen viviendo, y están cerca; pero si lo son, dejadlos;

Métete en tus asuntos.

Dondequiera que los espíritus de los muertos pueden ser,

ellos tienen su propio

trabajo que hacer, y sus propios problemas que resolver; y

no tenemos derecho a

interferir con ellos. No les podemos ayudar, y es muy

dudoso que nos pueden ayudar,

o si tenemos algún derecho a traspasar a su tiempo, si

pueden. Deja que los muertos

y el más allá solo, y resolver su propio problema; Hacerse

rico. Si usted empieza a

mezclarse con lo oculto, que se iniciará corrientes cruzadas

mentales que

seguramente hará que su esperanza de naufragio. Ahora,

este y los capítulos

anteriores nos han llevado a la siguiente declaración de

hechos básicos:

Hay una materia de pensamiento de que están hechas todas

las cosas, y que, en

su estado original, impregna, penetra, y llena los

interespacios del universo.

Un pensamiento, en esta sustancia, produce la cosa que es

imaginada por el pensamiento.

El hombre puede formar cosas en su pensamiento, y si

impregna con su pensamiento a

la sustancia sin forma, puede causar la cosa que él piensa

debe ser creada.

Con el fin de hacer esto, el hombre debe pasar de la

competencia a la mente creativa;

él debe formar una imagen mental clara de las cosas que

quiere, y mantener esta

imagen en sus pensamientos con el propósito fijo para

conseguir lo que quiere, y la fe

inquebrantable de que él no conseguir lo que quiere,

cerrando su mente contra todo lo

que puede tender para estrechar su propósito, su visión

atenuar o apagar su fe.

Y además de todo esto, veremos a continuación que debe

vivir y actuar de una manera

determinada.

Actuando de una manera determinada.

El pensamiento es el poder creativo, o la fuerza impulsora

que hace que el poder

creativo para actuar; pensar de una manera determinada

traerá riquezas a usted, pero

usted no debe confiar en el pensamiento solo, sin prestar

atención a la acción personal.

Esa es la roca sobre la cual muchos pensadores científicos

metafísicos de lo contrario

se reúnen el naufragio - el fracaso para conectar el

pensamiento con la acción personal.

Todavía no hemos llegado a la etapa de desarrollo, aun

suponiendo una etapa tan a ser

posible, en el que el hombre puede crear directamente de

la sustancia sin forma y sin

procesos de la naturaleza o el trabajo del hombre; el

hombre no sólo debe pensar, pero

su acción personal debe complementar su pensamiento.

Por el pensamiento puede hacer que el oro en el corazón de

las montañas

para ser impulsados hacia usted; pero no va a explotar en sí,

refinarse, propia

moneda en águilas dobles, y están rodando a lo largo de las

carreteras que

buscan su camino en su bolsillo. Bajo el poder impulsor del

Espíritu Supremo,

los asuntos de los hombres serán ordenados de modo que

alguien se llevó a

extraer el oro para usted; transacciones comerciales de

otros hombres serán

dirigidas por lo que el oro va a ser llevado hacia usted, y

debe por lo arreglar

sus propios asuntos de negocio que usted puede ser capaz

de recibirlo cuando

se trata de ti. Su pensamiento hace que todas las cosas,

animadas e

inanimadas, el trabajo para lograr que lo que quiere; pero

su actividad personal

debe ser tal que pueda recibir justamente lo que quiere

cuando se alcanza. No

tienes que tomarlo como caridad, ni a robarlo;

El uso científico del pensamiento consiste en formar una

imagen mental clara y

distinta de lo que quiere; en aferrarse a la finalidad de

conseguir lo que quiere; y

en la realización de la fe agradecido de que usted consigue

lo que quiere.

No trate de 'proyecto' de su pensamiento en cualquier

forma misteriosa u oculto, con la

idea de tener que salir y hacer las cosas para usted; ese

es un esfuerzo inútil, y debilitará su capacidad de pensar

con cordura.

La acción del pensamiento en conseguir ricos se explica

completamente en los

capítulos anteriores; tu fe y propósito impresionar

positivamente su visión sobre

la sustancia sin forma, que tiene el mismo deseo de más

vida que usted ha; y

esta visión, recibido de usted, establece todas las fuerzas

creativas en el

trabajo en ya través de sus canales regulares de acción,

pero dirigida hacia

usted.

No es su parte para guiar o supervisar el proceso creativo;

todo lo que tiene que ver con

que es para conservar su visión, se adhieren a su objetivo, y

mantener su fe y

agradecimiento. Pero hay que actuar de una manera

determinada, de manera que pueda

apropiarse de lo que es la suya cuando se trata de ti; para

que pueda cumplir con las

cosas que tiene en su imagen, y ponerlos en sus lugares

apropiados a medida que

llegan.

Realmente se puede ver la verdad de esto. Cuando las cosas

te llegan, van a estar en

manos de otros hombres, que le pedirán un equivalente

para ellos.

Y sólo se puede obtener lo que es suyo, dando el otro

hombre lo que es suyo.

Su bolsillo no va a ser transformado en un bolso de

Fortunata, que será

siempre lleno de dinero sin esfuerzo por su parte.

Este es el punto crucial en la ciencia de hacerse rico; aquí,

donde el pensamiento y

la acción personal deben combinarse. Hay muchas personas

que, consciente o

inconscientemente, establezca las fuerzas creativas en la

acción de la fuerza y la

persistencia de sus deseos, pero que siguen siendo pobres

porque no

proporcionan para la recepción de lo que quieren cuando se

trata. Por el

pensamiento, lo que desea es traído a usted; por la acción

que lo reciba.

Sea cual sea su acción ha de ser, es evidente que hay que

actuar ahora. No se

puede actuar en el pasado, y es esencial para el

claridad de su visión mental que despedir el pasado de su

mente. No se puede actuar

en el futuro, para el futuro no está aquí todavía. Y no se

puede saber cómo va a querer

actuar en cualquier contingencia futura hasta que ha

llegado esa contingencia. Debido

a que usted no está en el negocio correcto, o el medio

ambiente en este momento, no

creo que se debe posponer la acción hasta que se consigue

en el negocio correcto o el

medio ambiente. Y no gastar tiempo en el presente toma

pensado que el mejor campo

de posibles futuras situaciones de emergencia; tener fe en

su capacidad para cumplir

con cualquier emergencia cuando llegue.

Si se actúa en el presente con la mira en el futuro, su acción

estará presente

con una mente dividida, y no será eficaz.

Poner toda su mente en la acción presente.

No le dé su impulso creativo a la sustancia original, y luego

sentarse y esperar

los resultados; si lo hace, nunca se conseguirá. Actuar

ahora. Nunca hay

tiempo, pero ahora, y nunca habrá cualquier momento,

pero ahora. Si alguna

vez para comenzar a hacer listo para la recepción de lo que

quiere, debe

comenzar ahora. Y su acción, sea lo que sea, debe muy

probablemente sea en

su negocio actual o empleo, y debe estar sobre las personas

y las cosas en su

entorno actual.

No se puede actuar donde no está; no se puede actuar

dónde ha estado, y no

se puede actuar a dónde va a ser; que sólo puede actuar

donde se encuentre.

No se moleste en cuanto a si el trabajo de ayer estaba bien

hecho o mal hecho; hacer a día

de trabajo también.

No trate de hacer el trabajo de mañana ahora; habrá un

montón de tiempo para hacer que

cuando se llega a ella.

No trate, por medios ocultos o místicos, para actuar sobre

las personas o cosas que están

fuera de su alcance.

No espere a que un cambio de ambiente, antes de actuar;

conseguir un cambio de

ambiente por la acción.

Puede por lo que actuar sobre el entorno en el que se

encuentra ahora, como

para causar a sí mismo para ser transferidos a un medio

ambiente mejor.

Mantenga la fe y el propósito de la visión de sí mismo en el

mejor ambiente,

pero actuar sobre su entorno presente con todo tu corazón,

y con toda su

fuerza, y con toda tu mente. No pasar mucho tiempo en el

día soñando o la

construcción de castillos; estimará al uno visión de lo que

quiere, y actuar

ahora. No echado sobre la búsqueda de algo nuevo que

hacer, o alguna acción

extraña, inusual o extraordinaria para llevar a cabo como un

primer paso para

hacerse rico. Es probable que sus acciones, al menos por

algún tiempo, serán

aquellos que han estado llevando a cabo desde hace algún

tiempo; pero estás

a comenzar ahora para llevar a cabo estas acciones en una

manera

determinada, lo que sin duda te hará rico. Si usted está

involucrado en algún

negocio,

No se desanime, o sentarse y se lamentan porque está fuera

de lugar. Ningún

hombre fue siempre tan fuera de lugar, pero que no podía

encontrar el lugar

correcto, y ningún hombre se involucró tanto en el negocio

equivocado, pero

que podría entrar en el negocio correcto. Mantenga la

visión de sí mismo en el

negocio correcto, con el fin de entrar en ella, y la fe que va a

entrar en ella, y

están entrando en ella; sino que actúan en su negocio

actual. Utilice su negocio

actual como medio de conseguir una mejor, y utilizar su

entorno presente como

una forma de llegar a una mejor. Su visión del negocio

correcto, si se mantiene

con fe y propósito, hará que el Supremo para mover el

negocio correcto hacia

usted; y su acción, si se lleva a cabo en una manera

determinada, hará que se

mueva hacia el negocio.

Si usted es un empleado o asalariado, y siente que debe

cambiar su puesto con el fin

de obtener lo que desea, no 'proyecto" de su pensamiento

en el espacio y confiar en él

para conseguir otro trabajo. Es probable que no lo hacen asi

que.

Mantenga la visión de sí mismo en el trabajo que desea,

mientras que actuar con fe

y propósito en el trabajo que tiene, y que sin duda

conseguir el trabajo que desea.

Su visión y la fe van a establecer la fuerza creativa en

movimiento para traerlo

hacia usted y su acción hará que las fuerzas en su propio

entorno para que

moverse hacia el lugar que desee. En el cierre de este

capítulo, vamos a añadir

otra declaración a nuestro programa: -

Hay una materia de pensamiento de que están hechas todas

las cosas, y que, en

su estado original, impregna, penetra, y llena los

interespacios del universo.

Un pensamiento, en esta sustancia, produce la cosa que es

imaginada por el pensamiento.

El hombre puede formar cosas en su pensamiento, y si

impregna con su pensamiento a

la sustancia sin forma, puede causar la cosa que él piensa

debe ser creada.

Con el fin de hacer esto, el hombre debe pasar de la

competencia a la mente creativa;

él debe formar una imagen mental clara de las cosas que

quiere, y mantener esta

imagen en sus pensamientos con el propósito fijo para

conseguir lo que quiere, y la fe

inquebrantable de que él no conseguir lo que quiere,

cerrando su mente a todo lo que

puede tender para estrechar su propósito, su visión atenuar

o apagar su fe. Que pueda

recibir lo que quiere cuando se trata, el hombre debe actuar

ahora sobre las personas

y cosas de su entorno actual.

Acción eficiente.

Debe utilizar su pensamiento como se indica en los

capítulos anteriores, y empezar a

hacer lo que puede hacer donde se encuentre; y hay que

hacer todo lo que se puede hacer

donde estás.

Usted puede avanzar sólo será ser más grande que su actual

lugar; y ningún hombre es

más grande que su actual lugar que deja de hacer

cualquiera de los trabajos relativos a

ese lugar.

El mundo avanza sólo por aquellos que más que llenar sus

lugares actuales.

Si ningún hombre bastante llenó su lugar actual, se puede ver que tiene que haber

una yendo hacia atrás en todo. Los que no llegan a llenar sus lugares actuales son

de peso muerto sobre la sociedad, el gobierno, el comercio y la industria; deben ser

llevados por otros a un gran costo. El progreso del mundo se retarda solamente por

aquellos que no llenan los lugares que tienen en su poder; pertenecen a una época

anterior y una etapa inferior o plano de la vida, y su tendencia es hacia la

degeneración. Ninguna sociedad puede avanzar si cada hombre era más pequeño

que su lugar; la evolución social es guiado por la ley de la evolución física y mental.

En el mundo animal, la evolución es causada por exceso de

vida. Cuando un

organismo tiene más vida que se puede expresar en las

funciones de su propio

plano, que desarrolla los órganos de un plano superior, y

una nueva especie se

originó.

Nunca habría habido nuevas especies si no hubiera habido

organismos que

más llenó el lugar. La ley es exactamente el mismo para

usted; tu hacerse rico

depende de su aplicación de este principio a sus propios

asuntos.

Cada día es un día, ya sea con éxito o el fracaso de un día; y

es los días de éxito que

consiguen lo que quiere. Si cada día es un fracaso, que

nunca puede hacerse rico;

mientras que si cada día es un éxito, no se puede dejar de

hacerse rico.

Si hay algo que puede hacerse hoy, y no lo hace, usted ha

fallado en la medida en

que lo es en cuestión; y las consecuencias pueden ser más

desastrosas de lo que

imagina. No se puede prever los resultados de incluso el

acto más trivial; no conoce

el funcionamiento de todas las fuerzas que se han

establecido en movimiento en su

nombre. Mucho se puede hacer en función de sus algún

acto sencillo; puede ser la

misma cosa que es abrir la puerta de la oportunidad a muy

grandes posibilidades.

Nunca se puede saber todas las combinaciones que

Inteligencia Suprema está

haciendo para usted en el mundo de las cosas y de los

asuntos humanos; su

negligencia o falta de hacer alguna cosa pequeña puede

causar un retraso en

conseguir lo que desea.

No, todos los días, lo único que se puede hacer ese día. Hay,

sin embargo, una limitación

ni condición alguna de las anteriores que se debe tener en

cuenta.

Usted no está al exceso de trabajo, ni a precipitarse a ciegas

en su empresa en el

esfuerzo de hacer el mayor número posible de cosas en el

menor tiempo posible.

Usted es no tratar de hacer hoy el trabajo de mañana, ni

para hacer el trabajo de una semana en

un día.

Realmente no es el número de cosas que haces, pero la

eficacia de cada

acción separada que cuenta.

Cada acto es, en sí mismo, ya sea un éxito o un fracaso.

Cada acto es, en sí

mismo, ya sea eficaz o ineficaz. Cada acto ineficaz es un

fracaso, y si te pasas la

vida en hacer actos ineficientes, toda su vida será un

fracaso. Cuantas más

cosas que haces, peor para ti, si todos sus actos son los

ineficientes.

Por otra parte, cada acto eficiente es un éxito en sí mismo, y

si cada acto de su

vida es eficiente, toda la vida debe ser un éxito.

La causa de la falla está haciendo demasiadas cosas de una

manera ineficiente, y no

hacer suficientes cosas de una manera eficiente. Verá que

es una proposición

evidente por sí mismo que si usted no hace ningún acto

ineficientes, y si lo hace un

número suficiente de actos eficientes, usted se hará rico.

Ahora bien, si es posible

para usted para hacer de cada acto un uno eficiente, que se

ve de nuevo que el

conseguir de la riqueza se reduce a una ciencia exacta,

me gusta

matemáticas.

El asunto se convierte, entonces, en la cuestión de si se

puede hacer que cada acto

separado un éxito en sí mismo. Y esto se puede hacer sin

duda.

Puede hacer que cada acto sea un éxito, ya que todo el

poder está trabajando con

usted; y todo el poder no puede fallar. El poder es a su

servicio; y para hacer que

cada acto eficiente sólo tiene que poner el poder en ella.

Cada acción es fuerte o débil; y cuando cada uno es fuerte,

usted está

actuando de una manera determinada que le hará rico.

Cada acto puede hacerse fuerte y eficiente manteniendo su

visión mientras lo

está haciendo, y poner todo el poder de tu fe y propósito en

ella.

Es en este punto que las personas no logran que se separan

poder mental de

acción personal. Ellos usan el poder de la mente en un lugar

y en un momento,

y actúan en otro ritmo y en otro momento. Por lo que sus

actos no tienen éxito

en sí mismos; muchos de ellos son ineficientes. Pero si todo va de energía en

cada acto, no importa lo común, cada acto será un éxito en sí mismo; y como

en la naturaleza de las cosas de los éxitos abre el camino a otros éxitos, su

progreso hacia lo que quiere, y el progreso de lo que quiere hacia usted, se convertirá en

cada vez más rápido.

Recuerde que el éxito de la acción es acumulativa en sus resultados. Desde el

deseo de más vida es inherente a todas las cosas, cuando un hombre comienza a

moverse hacia la vida más grande, más cosas se adhieren a él, y la influencia de su

deseo se multiplica.

Hacer, cada día, todo lo que puede hacer ese día, y hacer

cada acto de una manera

eficiente.

Al decir esto, debe mantener su visión mientras que está

haciendo cada acto,

por trivial o común, no me refiero a decir que es necesario

en todo momento

para ver la visión claramente a sus más pequeños detalles.

Debe ser el trabajo

de sus horas de ocio a utilizar su imaginación en los detalles

de su visión, y

contemplar hasta que estén firmemente fijos en la

memoria. Si desea

resultados rápidos, pasar prácticamente todo su tiempo

libre en esta práctica.

Por la contemplación continua obtendrá la imagen de lo

que quiere, incluso a los

detalles más pequeños, tan firmemente fijada en su mente,

y así transferido

completamente a la mente de la sustancia sin forma, que en

sus horas de trabajo

sólo tiene que mentalmente se refieren a la imagen para

estimular su fe y propósito,

y causar su mejor esfuerzo para ser puesto a otro.

Contemplar su imagen en sus

horas de ocio hasta que su conciencia está tan lleno de lo

que se puede captar al

instante. Va a ser tan entusiasmado con sus promesas

brillantes que el mero

pensamiento de que evocará las más fuertes energías de

todo su ser. Vamos a

volver a repetir nuestro plan de estudios, y cambiando

ligeramente las declaraciones

de cierre llevarlo hasta el punto de que ahora hemos

llegado.

Hay una materia de pensamiento de que están hechas todas

las cosas, y que, en

su estado original, impregna, penetra, y llena los

interespacios del universo.

Un pensamiento, en esta sustancia, produce la cosa que es

imaginada por el pensamiento.

El hombre puede formar cosas en su pensamiento, y si

impregna con su pensamiento a

la sustancia sin forma, puede causar la cosa que él piensa

debe ser creada.

Con el fin de hacer esto, el hombre debe pasar de la

competencia a la mente creativa; él

debe formar una imagen mental clara de las cosas que

quiere, y hacer, con fe y propósito,

todo lo que se puede hacer todos los días, haciendo cada

cosa por separado de una

manera eficiente.

Entrar en el negocio adecuado.

ÉXITO, en cualquier negocio en particular, depende de una

cosa en su posesión

en un estado bien desarrollado las facultades requeridas en

ese negocio.

Sin una buena facultad musical nadie puede tener éxito

como un maestro de la

música; sin facultades mecánicas bien desarrollados nadie

puede alcanzar un gran

éxito en cualquiera de los oficios mecánicos; sin tacto y las

facultades comerciales,

nadie puede tener éxito en actividades mercantiles. Pero

poseer en un estado bien

desarrollado las facultades requeridas en su vocación

particular no asegura hacerse

rico. Hay músicos que tienen gran talento, y que aún

permanecen en la pobreza;

hay herreros, carpinteros, etc. que tienen una excelente

capacidad mecánica, pero

que no se enriquecen; y hay comerciantes con buenas

facultades para hacer frente

a los hombres que, sin embargo, fallan.

Las diferentes facultades son herramientas; es esencial

tener buenas herramientas, pero

también es esencial que las herramientas se deben utilizar

en la manera correcta. Un hombre

puede tomar una sierra afilada, un cuadrado, un buen

plano, y así sucesivamente, y construir

un artículo atractivo de los muebles; otro hombre puede

tomar las mismas herramientas y se

puso a trabajar para duplicar el artículo, pero su producción

será un fracaso. Él no sabe cómo

utilizar buenas herramientas de una manera exitosa. Las

diversas facultades de la mente son

las herramientas con las que tiene que hacer el trabajo que

se va a hacer rico; será más fácil

para usted tener éxito si se mete en un negocio para el que

usted está bien equipado con

herramientas mentales.

En términos generales, que va a hacer mejor en ese negocio

que utilizará sus facultades

más fuertes; el uno para el que son naturalmente "mejor

equipado". Sin embargo, hay

limitaciones a esta declaración, también. Ningún hombre

debe considerar su vocación de

ser fijado de manera irrevocable por las tendencias con las

que nació.

Puede hacerse rico en cualquier negocio, porque si no tiene

el talento adecuado, se puede

desarrollar ese talento; Simplemente significa que usted

tendrá que hacer sus herramientas a

medida que avanza, en lugar de limitarse

usted mismo para el uso de aquellos con los que usted

nació. Será más fácil para

usted tener éxito en una vocación para la que ya tiene los

talentos en un estado bien

desarrollado; pero usted puede tener éxito en cualquier

vocación, para que pueda

desarrollar algún talento rudimentaria, y no hay talento de

los cuales no se tiene, al

menos, el rudimento.

Va a hacerse rico con mayor facilidad, de hecho, si haces

eso para el que está

mejor equipada; pero se hará rico más satisfactoria si lo

hace lo que usted quiere

hacer. Haciendo lo que quiere hacer es la vida; y no hay una

verdadera

satisfacción en la vida si nos vemos obligados a estar

siempre haciendo algo que

no nos gusta hacer, y nunca podemos hacer lo que

queremos hacer. Y es cierto

que se puede hacer lo que quiere hacer; la deseo de hacerlo

es prueba de que

usted tiene en su interior el poder que poder hazlo. El deseo

es una manifestación

de poder.

El deseo de reproducir música es el poder que puede

reproducir música en busca

de la expresión y el desarrollo; el deseo de inventar

dispositivos mecánicos es el

talento mecánico buscando la expresión y el desarrollo.

Donde no hay poder, ya sea desarrollado o sin desarrollar,

para hacer una cosa,

nunca hay ningún deseo de hacer esa cosa; y donde hay un

fuerte deseo de hacer

una cosa, lo cierto es prueba de que el poder de hacerlo es

fuerte, y sólo requiere

ser desarrollado y aplicado en la manera correcta.

Todas las cosas lo demás es igual, lo mejor es seleccionar el

negocio para el

que tiene el mejor talento desarrollada; pero si usted tiene

un fuerte deseo de

participar en cualquier línea de trabajo en particular, hay

que seleccionar que el

trabajo como el fin último al que apuntas. Puede hacer lo

que quiere hacer, y es

su derecho y privilegio de seguir el negocio o vocación que

será más agradable y

placentera.

Usted no está obligado a hacer lo que no le gusta hacer, y

no debe hacerlo,

excepto como medio para lograr que el hacer de lo que

quiere hacer.

Si hay errores del pasado cuyas consecuencias se han

colocado en un negocio

indeseable o el medio ambiente, puede ser obligado por

algún tiempo para hacer lo

que no le gusta hacer; pero se puede hacer el hacerlo

agradable al saber que está

haciendo posible para que usted venga a la haciendo de lo

que quiere hacer. Si usted

siente que usted no está en la vocación a la derecha, no
actúan con demasiada prisa

en intentar conseguir en otro. La mejor manera, por lo
general, para cambiar entorno

empresarial o es por el crecimiento. No tenga miedo de
hacer un cambio repentino y

radical si se presenta la oportunidad, y si se siente después
de una cuidadosa

consideración de que es el momento oportuno; pero nunca
tomar la acción repentina

o radical cuando se está en duda en cuanto a la
conveniencia de hacerlo.

Nunca hay ninguna prisa en el plano creativo; y no hay falta
de oportunidades.

Al salir de la mente competitiva va a entender que nunca se
necesita actuar

precipitadamente. Nadie más va a vencer a lo que quiere

hacer; hay suficiente

para todos. Si se toma un espacio, otra y otra mejor será

abierto para usted un

poco más adelante; Hay tiempo suficiente. Cuando usted

está en duda, espere.

Caer de nuevo en la contemplación de su visión, y aumentar

su fe y propósito;

y por todos los medios, en los momentos de duda e

indecisión, cultivar la

gratitud.

Uno o dos días de permanencia en la contemplación de la

visión de lo que quiere, y

en agradecimiento sincero de que lo están recibiendo,

traerá su mente en tan

estrecha relación con el Supremo que va a hacer ningún

error cuando no actuar.

Hay una mente que sabe todo lo que hay que saber; y se puede entrar en estrecha

unidad con esta mente por la fe y el propósito de avanzar en la vida, si usted tiene

una profunda gratitud.

Los errores vienen de actuar a toda prisa, o de actuar de miedo o duda, o en el

olvido del motivo correcto, lo que es más vida a todos, y menos a ninguno.

A medida que se va de una manera determinada, las oportunidades vendrán a usted en

número cada vez mayor; y tendrá que ser muy constante en su fe y propósito, y para

mantenerse en estrecho contacto con el Todo mente por la gratitud reverente.

Hacer todo lo que se puede hacer de una manera perfecta

todos los días, pero hacerlo sin prisas,

preocupación o miedo. Ir tan rápido como sea posible, pero

nunca prisa.

Recuerde que en el momento en que comience a darse

prisa, deja de ser un creador y

convertirse en un competidor; se le cae hacia atrás en el

plano antiguo de nuevo.

Siempre que se encuentre corriendo, hacer un alto; fijar su

atención en la

imagen mental de lo que quiere, y empezar a dar gracias de

que lo están

recibiendo. El ejercicio de la GRATITUD nunca fallará para

fortalecer su fe y

renovar su propósito.

La impresión de aumento.

Si usted cambia su vocación o no, sus acciones para el

presente deben ser las

relacionadas con el negocio en el que está ahora

comprometido.

Puede entrar en el negocio que desea al hacer uso

constructivo de la empresa que

ya están establecidas en; haciendo su trabajo diario de una

manera determinada.

Y en la medida en que su negocio consiste en el trato con

otros hombres, ya sea

personalmente o por carta, la tecla pensado en todos sus

esfuerzos debe ser

transmitir a sus mentes la impresión de aumento.

Aumento es lo que todos los hombres y todas las mujeres

están buscando; es el impulso de la

inteligencia sin forma dentro de ellos, buscando la

expresión más completa.

El deseo de aumento es inherente a toda la naturaleza; es el
impulso

fundamental del universo. Todas las actividades humanas se
basan en el

deseo de aumento; la gente está buscando más comida,
más ropa, refugio

mejor, más lujo, más belleza, más conocimiento, más placer
- aumento de algo

más de vida. Todo ser vivo está bajo esta necesidad para el
progreso continuo;

donde aumento de la vida cesa, la disolución y la muerte
fijan a la vez.

El hombre instintivamente sabe esto, y de ahí que siempre
está buscando más.

Esta ley de crecimiento perpetuo es establecido por Jesús
en la parábola de los

talentos; sólo aquellos que ganan más conserve ninguna;

pero al que no tiene, se

le quitará aun lo que tiene.

El deseo normal para una mayor riqueza no es un mal o una

cosa reprobable; es

simplemente el deseo de una vida más abundante; es la

aspiración.

Y debido a que es el instinto más profundo de su naturaleza,

todos los hombres y las mujeres

se sienten atraídas por lo que les puede dar más de los

medios de vida.

En la siguiente manera determinada como se describe en

las páginas anteriores, que está

recibiendo aumento continuo por sí mismo, y usted lo está

dando a todos aquellos con los

que lidiar.

Usted es un centro de creación, de la que se da aumento a todos fuera.

Estar seguro de esto, y transmitir la garantía del hecho de que cada hombre, mujer y

niño con los que entra en contacto. No importa cuán pequeña sea la transacción,

aunque no sea más que la venta de una barra de caramelo a un niño pequeño,

poner en él la idea de aumento, y asegúrese de que el cliente está impresionado

con el pensamiento. Transmitir la impresión de avance con todo lo que haces, por lo

que todas las personas deben recibir la impresión de que usted es una persona que

avanza, y que se avanza todos los que tratan con usted. Incluso a las personas a las que se reúnen de manera social, sin ninguna idea de

negocio, y para los cuales no

se trata de vender algo, dar la idea de aumento.

Puede transmitir esta impresión mediante la celebración de

la fe inquebrantable de que usted,

usted mismo, están en el camino de aumento; y dejando

que inspiran esta fe, relleno y

permear cada acción.

Hacer todo lo que se hace en la firme convicción de que son

una personalidad

avanzando, y que le está dando avance a todo el mundo.

Siente que está haciendo rico, y que al hacerlo usted está

haciendo ricos a otros,

y que confiere beneficios en absoluto. No presumir o

alardear de su éxito, o hablar

de ello innecesariamente; verdadera fe nunca es

jactancioso.

Dondequiera que encuentre una persona presumida, que encuentre uno que está en

secreto dudoso y temeroso. Simplemente siente la fe, y se deja trabajar en cada

transacción; dejar que cada acto y el tono y buscar expresar la tranquila seguridad de

que está recibiendo ricos; que ya son ricos. Las palabras no serán necesarias para

comunicarse

este sentimiento a los demás; van a sentir la sensación de aumento cuando en su

presencia, y serán atraídos a usted de nuevo. Debe por lo que impresionar a los

demás que van a sentir que, en asociación con que sus hijos recibirán aumentar por sí mismos. Ver que se les da un valor de uso mayor que el valor en efectivo que usted

está tomando de ellos.

Tome un orgullo honesto al hacer esto, y dejar que todo el mundo sabe que; y

usted no tendrá ninguna falta de clientes. La gente irá aumento donde se les

da; y el Supremo, que desea aumento de todos, y el que lo sabe todo, se

moverá hacia ustedes, hombres y mujeres que nunca han oído hablar de

usted. Su negocio va a aumentar rápidamente, y usted se sorprenderá de los

beneficios inesperados que vendrán a ti. Podrá día a día para hacer

combinaciones más grandes, obtener mayores ventajas, y para seguir en una vocación más agradable si el deseo de hacerlo. pero hacer todo esto, nunca se

debe perder de vista su visión de lo que quiere, o su fe y el propósito de

obtener lo que desea.

me dejó aquí darle una palabra de precaución en lo que respecta a los motivos.

Cuidado con la insidiosa tentación de buscar por el poder sobre otros hombres.

Nada es tan agradable a la mente sin forma o parcialmente desarrollado como el

ejercicio del poder o dominio sobre los demás. El deseo de gobernar para la

complacencia propia ha sido la maldición del mundo. Por edades incontables reyes y

señores han empapado la tierra con sangre en sus batallas para extender sus dominios; esto no es buscar más vida para todos, pero para

obtener más poder para

sí mismos.

Hoy en día, el motivo principal en el mundo empresarial e

industrial es el mismo; los

hombres de formar sus ejércitos de dólares, y arrasar las

vidas y los corazones de

millones de la misma loca carrera por el poder sobre los

demás. reyes comerciales, como

reyes políticos, están inspirados por el ansia de poder.

Jesús vio en este deseo de dominio del impulso se mueve

de ese mundo malo Él

trató de derribar. Leer el vigésimo tercer capítulo de Mateo,

y vea cómo Describe

a los deseos de los fariseos a ser llamado "Maestro", para

sentarse en los lugares

altos, a dominar sobre los demás, y para poner cargas sobre

las espaldas de los

menos afortunados; y tenga en cuenta cómo Él compara

esta ansia de dominio

con el fraternal buscando el bien común al que Él llama a

sus discípulos.

Esté atento a la tentación de buscar a la autoridad, para

convertirse en un

"maestro", para ser considerado como uno que está por

encima del vulgo, para

impresionar a los demás por el derroche, y así

sucesivamente. La mente que

busca el dominio sobre los demás es la mente competitiva;

y la mente

competitiva no es el creativo. Con el fin de dominar su

entorno y su destino, no

es en absoluto necesario que usted debe gobernar a sus

semejantes y, de

hecho, cuando se cae en la lucha del mundo por los lugares

altos, se empieza a

ser conquistado por el destino y el medio ambiente, y tu

hacerse rico se convierte

en una cuestión de azar y la especulación. Cuidado con la

mente competitiva !!

No hay mejor declaración del principio de la acción creativa

se puede formular de

la declaración favorita de la "Regla de Oro" Jones de Toledo:

"Lo que yo quiero

para mí,

El hombre avanza.

Lo que he dicho en el capítulo anterior se aplica también al

hombre profesional

y el asalariado como al hombre que se dedica a los negocios

mercantiles.

No importa si usted es un médico, un maestro, o un clérigo,

si se puede dar

aumento de la vida a los demás y hacerlos sensibles del

hecho, se siente

atraída por ti, y te hará rico. El médico que lleva a cabo la

visión de sí mismo

como un gran y exitoso sanador, y que trabaja hacia la

realización completa de

esa visión con fe y propósito, como se describe en los

capítulos anteriores,

entrará en contacto tan estrecho con la fuente de la vida

que lo hará ser un

éxito fenomenal; pacientes vendrán a él en una multitud.

Nadie tiene una mayor oportunidad de llevar a efecto la

enseñanza de este libro que

el profesional de la medicina; no importa cuál de las

diversas escuelas que pueden

pertenecer, por el principio de la curación es común a todos

ellos, y puede ser

alcanzado por todos por igual. El hombre Avanzando en la

medicina, que se aferra a

una imagen mental clara de sí mismo como un éxito, y que

obedece a las leyes de la

fe, el propósito y la gratitud, curará todos los casos curables

que emprende, no

importa cuáles son los recursos que puede utilizar.

En el campo de la religión, el mundo clama por el clérigo

que puede enseñar a

sus oyentes la verdadera ciencia de la vida abundante. El

que domina los

detalles de la ciencia de hacerse rico, junto con las ciencias

afines de ser así,

de ser grande, y de ganar el amor, y que enseña estos

detalles desde el púlpito,

nunca faltará una congregación. Este es el evangelio que

necesita el mundo;

dará aumento de la vida, y los hombres lo escuchará con

mucho gusto, y dará

apoyo liberal para el hombre que lo lleva a ellos.

Lo que ahora se necesita es una demostración de la ciencia

de la vida desde el

púlpito. Queremos predicadores que no sólo puede contar

nosotros cómo, pero que en

sí mismos se show muestralo. Necesitamos que el

predicador que, él también será

rico, sano, grande, y

querida, que nos enseñe cómo alcanzar a estas cosas; y

cuando él venga,

encontrará un público numeroso y leal. Lo mismo es cierto

del maestro que

puede inspirar a los niños con la fe y el propósito de la vida

avanza. Nunca

será "fuera de un trabajo." Y cualquier maestro que tiene

esta fe y propósito

puede darle a sus alumnos; él no puede ayudar a dar a ellos

si es parte de su

propia vida y la práctica.

Lo que es cierto del maestro, predicador, y el médico es el

caso del abogado, dentista, el

hombre de bienes raíces, agente de seguros - de todo el

mundo.

La acción mental y personal combinado que he descrito es

infalible; que no puede

fallar. Cada hombre y mujer que sigue estas instrucciones

de manera constante, con

perseverancia, ya la carta, se harán ricos. La ley del

Aumento de la vida es tan

matemáticamente seguro en su funcionamiento como la ley

de la gravitación; hacerse

rico es una ciencia exacta.

El asalariado encontrará esto como cierto en su caso como

de cualquiera de los

otros mencionados. No sienta que no tienen ninguna

posibilidad de hacerse rico

porque se está trabajando donde no hay oportunidad para

el avance visible, donde

los salarios son pequeñas y el costo de vida alto. Formar su

visión mental clara de

lo que quiere, y comenzar a actuar con fe y propósito. Hacer

todo el trabajo que

puede hacer, cada día, y hacer cada pieza de trabajo de una

manera perfectamente

exitosa; poner el poder del éxito, y el propósito de

enriquecerse, en todo lo que

haces. Pero no hacerlo simplemente con la idea de ganarse

el favor de su

empleador, con la esperanza de que él, o aquellos por

encima de usted, verá su

buen trabajo y que avance; no es probable que lo hagan.

El hombre que no es más que un "buen" trabajador,

llenando su lugar a lo mejor

de su capacidad, y satisfecho con eso, es valioso para su

empleador; y no es el

interés del empleador para promoverlo; que vale más

dónde está.

Para asegurar el avance, es necesario algo más que ser

demasiado grande para

su lugar.

La persona que está segura de avanzar es el que es

demasiado grande para

su lugar, y que tiene un concepto claro de lo que quiere ser;

que sabe que

puede llegar a ser lo que quiere ser y que se determina que

es lo que quiere

ser. No trate de más de llenar su lugar actual con el fin de

complacer a su

empleador; hacerlo con la idea de avanzar a sí mismo.

Mantenga la fe y el

propósito de aumento durante las horas de trabajo,

después de las horas de

trabajo, y antes de las horas de trabajo. Sostenerla de tal

manera que cada

persona que entra en contacto con usted, ya sea capataz,

compañero

trabajador, o conocido sociales, se sentirá el poder del

propósito que irradia de

ti; de modo que cada uno obtendrá el sentido de avance y

el aumento de su

parte. Los hombres serán atraídos por ti, y si no hay ninguna

posibilidad de

ascenso en su trabajo actual,

Hay un poder que nunca deja de presentar oportunidad

para el hombre Avanzando que se está

moviendo en la obediencia a la ley. Dios no puede ayudar a

ayudar a que, si se actúa de una

manera determinada; Debe hacerlo con el fin de ayudarse a

sí mismo.

No hay nada en sus circunstancias o en la situación

industrial que puede mantenerlo

abajo. Si no puede hacerse rico trabajando para la confianza

de acero, puede

enriquecerse en una granja de diez acres; y si comienza a

moverse en la manera

determinada, que sin duda va a escapar de las garras "" de

la confianza de acero y

obtener en la granja o cualquier otro lugar que desea ser.

Si unos pocos miles de sus empleados entrarían en la

manera determinada, la confianza de

acero pronto estaría en una mala situación; tendría que dar

a sus obreros más oportunidades,

o ir a la quiebra. Nadie tiene que trabajar para un

fideicomiso; los fideicomisos pueden

mantener a los hombres en las denominadas condiciones

desesperadas sólo mientras hay

hombres que son demasiado ignorantes para saber de la

ciencia de hacerse rico, o demasiado

intelectualmente perezosos para practicarlo.

Comience esta forma de pensar y de actuar, y tu fe y

propósito le hará rápido

para ver cualquier oportunidad de mejorar su condición.

Estas oportunidades serán rápidamente venir, porque el

Supremo, que trabajan

en todos, y trabajando para usted, traerá ellos antes.

No espere a que la oportunidad de ser todo lo que usted

quiere ser; cuando una

oportunidad de ser más de lo que son ahora se presenta y

se sentirán empujados

hacia ella, tomarla. Será el primer paso hacia una mayor

oportunidad.

No hay tal cosa es posible en este universo como una falta

de oportunidades para

el hombre que está viviendo la vida que avanza. Es

inherente a la constitución del

cosmos que todas las cosas han de ser para él y trabajar

juntos para su bien; y él

debe seguramente se enriquecerá si actúa y piensa en la

manera determinada. Así

que vamos a hombres y mujeres asalariadas estudian este

libro con gran cuidado,

y entran con confianza sobre el curso de acción que

prescribe; no fallará.

Algunas precauciones y observaciones finales.

MUCHAS personas se burlan de la idea de que no es una

ciencia exacta para hacerse

rico; sostiene la impresión de que el suministro de la

riqueza es limitado, van a insistir en

que las instituciones sociales y gubernamentales deben

cambiarse antes incluso de

cualquier número considerable de personas puede adquirir

una competencia. Pero esto

no es cierto.

Es cierto que los gobiernos existentes mantienen a las

masas en la pobreza, pero esto se debe a

que las masas no piensan y actúan de una manera

determinada.

Si las masas comienzan a moverse hacia adelante como se

sugiere en este libro, ni los

gobiernos ni los sistemas industriales puede comprobarlos;

todos los sistemas deben ser

modificados para acomodar el movimiento hacia adelante.

Si las personas tienen la mente Avanzando, tener la fe de

que pueden llegar a

ser rico, y seguir adelante con el propósito fijo de hacerse

rico, nada puede

mantenerlos en la pobreza. Los individuos pueden entrar en

la manera

determinada en cualquier momento y bajo cualquier

gobierno, y hacerse ricos; y

cuando un número considerable de individuos lo hacen bajo

cualquier gobierno,

van a hacer que el sistema sea modificado de modo que se

abra el camino para

otros.

Cuantas más personas que se enriquecen en el plano

competitivo, el peor para los demás;

cuanto más que se enriquecen en el plano creativo, el mejor

para los demás.

La salvación económica de las masas sólo puede lograrse

mediante la obtención de

un gran número de personas para practicar el método

científico establecido en el

presente libro, y llegar a ser rico. Estos mostrarán otros el

camino, e inspirarlos con

un deseo de la vida real, con la fe de que se puede alcanzar,

y con el fin de alcanzar

dicho objetivo.

Por el momento, sin embargo, es suficiente para saber que

ni el gobierno bajo el

cual vive ni el sistema capitalista o competitiva de la

industria pueden evitar que

hacerse rico. Cuando se introduce en el plano creativo del

pensamiento va a

elevarse por encima de todas estas cosas y convertirse en

un ciudadano de otro

reino. Pero recuerde que su pensamiento debe mantenerse

en el plano creativo;

que nunca están por un instante a ser entregado en relación

con el suministro como

limitado, o en que actúa sobre el nivel moral de la

competencia.

Cada vez que se cae en viejas formas de pensamiento,

corriges al instante; para

cuando usted está en la mente competitiva, que ha perdido

la cooperación de la mente

del Todo. No pasar mucho tiempo en la planificación de

cómo va a hacer frente a

posibles situaciones de emergencia en el futuro, a menos

que las políticas necesarias

pueden afectar a sus acciones de hoy. Usted se refiere a

hacer el trabajo de hoy de

una manera perfectamente exitosa, y no con las situaciones

de emergencia que

puedan surgir mañana; se puede asistir a ellos como vienen.

No se preocupe por las preguntas en cuanto a cómo deberá

superar los

obstáculos que puedan telar en el horizonte de su negocio,

a menos que se

puede ver claramente que su curso debe ser alterado hoy

con el fin de evitarlos.

No importa qué tan tremenda una obstrucción puede

aparecer a lo lejos, se encuentra que

si se va de una manera determinada que va a desaparecer a

medida que se acerca a ella,

o que un camino, sin embargo, o alrededor de él aparecerá.

No hay combinación posible de circunstancias puede

derrotar a un hombre o una mujer que

está procediendo a enriquecerse a lo largo de líneas

estrictamente científicos. Ningún

hombre o mujer que obedece a la ley pueden dejar de

hacerse rico, más de lo que uno

puede multiplicar dos por dos y no pueden conseguir

cuatro. Dar ningún pensamiento

ansioso de posibles desastres, obstáculos, pánicos, o

combinaciones desfavorables de las

circunstancias; es tiempo suficiente para cumplir con esas

cosas cuando se presentan antes

en el presente inmediato, y usted encontrará que cada

dificultad lleva consigo los medios

para su superación.

Proteger su discurso. Nunca hablar de sí mismo, sus

asuntos, o de cualquier otra cosa de

una manera desanimado o desalentador. Nunca admitir la

posibilidad de fracaso, o hablan

de una manera que infiere el fracaso como una posibilidad.

Nunca hable de las veces como duro, o de las condiciones

de negocio como siendo

dudosa. Los tiempos pueden ser difíciles y de negocios en

duda para aquellos que están

en el plano competitivo, pero nunca pueden ser tan para

usted; se puede crear lo que

quieres, y que está por encima del miedo.

Cuando otros están teniendo momentos difíciles y mal

negocio, usted encontrará sus

mayores oportunidades.

Entrenarse para pensar y para mirar el mundo como algo

que se está

convirtiendo, que está creciendo; y considerar aparente mal

por ser sólo lo que

es poco desarrollada. Siempre hablar en términos de

avance; hacer lo contrario

es negar su fe, y negar su fe es perderla.

Nunca permita que se sienten decepcionados. Usted puede

esperar a tener una cierta cosa en

un momento determinado, y no conseguirlo en ese

momento; y esto va a parecer que te gusta

fracaso.

Pero si se mantienen fieles a su fe se dará cuenta de que el

fracaso es sólo aparente.

Vas de la manera determinada, y si usted no recibe esa

cosa, usted recibirá algo

mucho mejor que usted verá que el aparente fracaso era

realmente un gran éxito. Un

estudiante de esta ciencia había puesto su mente en hacer

una cierta combinación

de negocios que parecía a él en el momento de ser muy

conveniente, y trabajado

para algunas semanas, para llevarla a cabo. Cuando llegó el

momento crucial, la

cosa no de una manera perfectamente inexplicable; era

como si alguna influencia

invisible había estado trabajando en secreto en su contra. Él

no estaba

decepcionado; por el contrario, dio gracias a Dios que su

deseo había sido revocada,

y se fue de manera constante con una mente agradecido.

En unas pocas semanas

una oportunidad mucho mejor llegó a sus manos que él no

habría hecho la primera

oferta en cualquier cuenta; y vio que una Mente

el que sabía más de lo que sabía que le había impedido

perder el bien por

enredarse con el menor. Esa es la manera que cada

aparente fracaso va a

funcionar para usted, si usted mantener su fe, mantenga a

su propósito, tener

gratitud, y hacer, cada día, todo lo que se puede hacer ese

día, haciendo cada acto

por separado de una manera exitosa.

Cuando haces un fracaso, es porque usted no ha pedido

durante el tiempo

suficiente; seguir, y una cosa más grande º una n que

buscaba sin duda vendrá a ti. Recuerda

esto.

Usted no va a fallar porque le falta el talento necesario para

hacer lo que desea

hacer. Si se va de como he dirigido, que se desarrollará todo

el talento que es

necesario el hacer de su trabajo.

No está dentro del alcance de este libro para hacer frente a

la ciencia de cultivar el

talento; pero es tan seguro y simple como el proceso de

hacerse rico.

Sin embargo, no dude o vacilar por temor a que cuando se

llega a ningún lugar

determinado va a fracasar por falta de capacidad;

manténgase a la derecha, y cuando

se llega a ese lugar, la capacidad se entregará a usted. La

misma fuente de Capacidad

que permitió al ignorante Lincoln hacer el trabajo más

grande en el gobierno jamás

logrado por un solo hombre está abierto a usted; es posible

movilizar el conjunto de la

mente no es sabiduría para usar en el cumplimiento de las

responsabilidades que se

colocan sobre ti. Seguir con plena fe. El estudio de este

libro. Que sea su compañero

constante hasta que haya dominado todas las ideas

contenidas en el mismo. Mientras

que usted está consiguiendo establecido firmemente en

esta fe, que va a hacer bien a

renunciar a la mayoría de las recreaciones y el placer; y se

mantenga alejado de los

lugares donde las ideas en conflicto con éstos son

avanzados en conferencias o

sermones. No lea la literatura pesimista o en conflicto, o

entrar en discusiones sobre la

materia. Hacer muy poco de lectura, fuera de los escritores

mencionados en el prefacio.

Pasar la mayor parte de su tiempo libre en la contemplación

de su visión, y en cultivar la

gratitud y en la lectura de este libro. Contiene todo lo que

necesita saber de la ciencia de

hacerse rico; y encontrará todos los elementos esenciales

que se resumen en el

siguiente capítulo.

Resumen de la ciencia de hacerse rico.

Hay una materia de pensamiento de que están hechas todas

las cosas, y que, en

su estado original, impregna, penetra, y llena los

interespacios del universo.

Un pensamiento en esta sustancia produce la cosa que es

imaginada por el pensamiento.

El hombre puede formar cosas en su pensamiento, y si

impregna con su pensamiento a

la sustancia sin forma puede causar la cosa que él piensa

debe ser creada.

Con el fin de hacer esto, el hombre debe pasar de la

competencia a la mente

creativa; de lo contrario no puede estar en armonía con la

inteligencia sin forma,

que es siempre creativa y nunca competitivo en espíritu.

El hombre puede entrar en completa armonía con la

sustancia sin forma de entretener a

un reconocimiento viva y sincera por las bendiciones que

derrama sobre él. La gratitud

unifica la mente del hombre con la inteligencia de la

sustancia, por lo que los

pensamientos del hombre son recibidas por el sin forma. El

hombre puede permanecer

en el plano creativo sólo uniéndose a la inteligencia sin

forma a través de un profundo

sentimiento de gratitud y continuo.

El hombre debe formar una imagen mental clara y definida

de las cosas que desea

tener, hacer o llegar a ser; y debe mantener esta imagen

mental en sus pensamientos,

mientras que ser profundamente agradecidos a la Suprema

que todos sus deseos se

conceden a él. El hombre que desea hacerse rico debe pasar

sus horas de ocio en la

contemplación de su visión, y en agradecimiento sincero de

que la realidad está siendo

dado a él. El exceso de estrés no se puede colocar sobre la

importancia de la

contemplación frecuente de la imagen mental, junto con

una fe inquebrantable y una

devota gratitud. Este es el proceso mediante el cual se da la

impresión a lo informe, y

las fuerzas creativas pone en movimiento.

La energía creativa trabaja a través de los canales

establecidos de crecimiento

natural, y del orden industrial y social. Todo lo que es

incluido en su imagen mental seguramente se presentó al

hombre, que sigue las

instrucciones dadas anteriormente, y cuya fe no vacila. Lo

que quiere vendrá a él

a través de los caminos de la industria y el comercio

establecido.

Con el fin de recibir su propia cuando venga él, el hombre

tiene que estar activo; y

esta actividad sólo puede consistir en más de llenando su

lugar actual. Se debe

tener en cuenta el propósito de enriquecerse a través de la

realización de su imagen

mental. Y debe hacerlo, todos los días, todo lo que se puede

hacer ese día,

teniendo cuidado de hacer cada acto de una manera

exitosa. Se debe dar a cada

uno un valor de uso en exceso del valor en efectivo que

recibe, de manera que cada

transacción hace más de vida; y tiene que mantener el

pensamiento de modo que el

Avance de la impresión de aumento se comunicará a todos

aquellos con los que

entra en contacto. Los hombres y mujeres que práctica las

instrucciones anteriores

serán seguramente se enriquecerá; y las riquezas que

reciben estarán en

proporción exacta a la precisión de su visión, la fijeza de su

propósito, la firmeza de

su fe, y la profundidad de su gratitud.

El fin

www.ingramcontent.com/pod-product-compliance
Lightning Source LLC
Chambersburg PA
CBHW060841170526
45158CB00001B/207